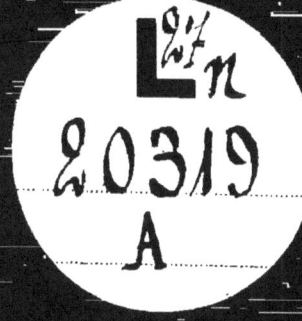

VIE

DU VÉNÉRABLE

CURÉ D'ARS.

—0—

PROPRIÉTÉ.

Les contrefacteurs seront poursuivis suivant toute la rigueur des lois ; et sera réputé contrefait tout exemplaire non revêtu de la griffe de l'un des deux auteurs.

—0—

VIE
DU VÉNÉRABLE
CURÉ D'ARS

D'APRÈS

les Documents publiés jusqu'à ce jour
et d'après des Documents inédits

par

A. PEZZANI
Avocat à la Cour Impériale de Lyon,

et

Jⁿ-B^{te} GONDY
Auteur de plusieurs ouvrages d'instruction et d'éducation.

Prix : 80 centimes.

LYON
IMPRIMERIE TYPOGRAPHIQUE DE B. BOURSY,
Grande rue Mercière, 92.

1860

AVANT-PROPOS

La vie populaire du vénérable Curé d'Ars, que nous publions aujourd'hui, sera divisée en quatre parties :

1° Un récit très bref de son enfance, et un peu plus circonstancié de son existence pastorale ;

2° L'exposé et l'analyse des principales vertus de l'éminent pasteur, et leur comparaison avec celles de saint François Régis, l'apôtre du Velay, qui offre plus d'un rapport et d'une ressemblance ;

3° Les circonstances de sa mort et de ses funérailles ;

4° Dans une quatrième partie enfin, nous exposerons les conditions et les délais de la canonisation.

Nous puiserons dans des documents inédits des renseignements dont nous avons une connaissance personnelle ou dont l'exactitude nous est garantie par la source respectable d'où ils proviennent.

Un avis important avant de commencer :

Nous parlerons toujours du Curé d'Ars avec la profonde conviction de sa sainteté, mais nous n'entendons aucunement empiéter sur les droits de l'Église, seule compétente pour la canonisation. Nous raconterons aussi quelques miracles dont l'authenticité est le mieux attestée, mais nous ne prétendons pas devancer l'enquête à laquelle procédera sans nul doute l'autorité ecclésiastique. Notre intention est seulement de la préparer en faisant connaître les faits accrédités dans l'opinion publique.

Maintenant entrons en matière.

VIE

DU VÉNÉRABLE

CURÉ D'ARS.

———❦———

Jean-Baptiste-Marie VIANEY, Curé d'Ars, dont le nom est devenu si célèbre dans toute la France et une bonne partie de l'Europe, est né en 1786 à Dardilly, riant et gracieux village des environs de Lyon.

Il était le troisième et dernier des enfants de parents très chrétiens qui cultivaient, dans une douce aisance, le précieux héritage de leurs aïeux.

Le jeune Vianey fut consacré à Dieu dès sa naissance et d'une manière toute particulière par sa bonne mère, qui lui apprit dès l'âge le plus tendre à bégayer les doux noms de Jésus et de Marie, et, dit un auteur qui a écrit l'histoire de sa vie, l'on peut dire que le double prénom que ses parents lui imposèrent devait être comme la prophétie des vertus principales qui le distingueraient un jour, à savoir un zèle ardent pour le salut des âmes, un amour non moins ardent des austérités de la pénitence, enfin une tendre prédilection pour la Sainte Vierge.

En effet, le saint Curé d'Ars qui, avec le nom, avait hérité des vertus de celui qui prêchait dans le désert la venue du Sauveur du monde, avait aussi la plus grande dévotion envers la Reine des Anges. Comme un autre St. Bernard, il fut bientôt persuadé qu'il ne s'accorde aucune grâce dans le Ciel sans la puissante intercession de cette bonne mère, et c'est pourquoi il l'a toujours priée avec tant de zèle et tant d'amour depuis son enfance jusqu'à son dernier soupir. Aussi on aimait à lui entendre répéter ces paroles : « J'aimais la
» Sainte Vierge sans la connaître ; la soutenir,
» propager sa dévotion devant mes camarades,
» était toute mon ambition, tout mon bon-
» heur. »

Heureux enfant qui, dès l'âge de cinq ans, priait déjà le ciel de tout son cœur, de toute son âme ! Mais plus heureux encore ceux qui lui ont donné le jour, parce qu'ils n'ont rien négligé, soit par leurs bons exemples, soit par leurs sages conseils, pour donner une éducation véritablement chrétienne à ce fils prédestiné qui devait être un jour l'une des plus grandes gloires de Dieu et de l'Église !

Puissent donc tous les pères et toutes les mères suivre l'exemple du saint enfant de Dardilly !

Alors, comme eux aussi, ils seront sûrs de revoir un jour ces enfants chéris dans la gloire de Dieu, après qu'ils auront fait toute leur consolation sur cette terre d'exil et de souffrance. Mais souffrir, c'est prendre le chemin du ciel, si c'est avec résignation et courage.

Dès l'âge de six ans le jeune Viancy portait toujours sur lui l'image vénérée de la glorieuse mère de Jésus-Christ. Étant à la garde de ses troupeaux, il se plaisait à construire une petite chapelle avec de la terre ou dans le creux d'un arbre et il excitait tous ses petits camarades à se prosterner au pied de ce sanctuaire improvisé pour chanter les louanges de Celui qui a dit : *Laissez venir à moi les petits enfants, car ils sont les bénis de mon Père.*

Mais ce qu'il y a de plus remarquable dans un enfant de cet âge, c'est qu'il se distinguait déjà par son ardente charité envers les pauvres et envers tous les infortunés. On peut donc bien dire que, semblable à l'Enfant Jésus, Jean-Baptiste-Marie Vianey croissait aussi en âge et en sagesse sous les yeux de son père et de sa mère auxquels il était soumis en toutes choses. Il assistait régulièrement à la sainte Messe, et c'était là son plus grand bonheur.

Ainsi, dit un célèbre écrivain, se manifestaient les saintes dispositions que la grâce cultivait en lui dès le berceau ; ainsi se dessinait déjà, en un âge si tendre, cette habitude chrétienne qui ne devait plus le quitter, celle de partager son temps entre le travail et la prière. Le moment de la première communion le surprit dans la pratique de ces vertus fondamentales du disciple de Jésus, et cette pratique était d'autant plus difficile, plus méritoire à cette époque, que la révolution, poussée aux excès, avait, au nom de la liberté des cultes, fermé les églises catholiques, chassé les ministres de Dieu, affaibli la foi ou du moins le zèle d'un grand nombre, et livré la jeunesse sans pasteur, à toutes les passions de son âge. La maison paternelle du jeune Vianey, gardienne sévère des bonnes traditions chrétiennes, ne s'était point ressentie de la funeste influence de ces temps de désordre. Aussi le saint enfant était-il dès longtemps préparé, par la vie pure qu'il avait menée, à s'approcher dignement de la manne eucharistique; c'était un ange qui allait s'asseoir à la table des anges; c'était un vase d'élection qui allait puiser à la source cette eau vive qui éteint la soif des faux biens de ce monde; c'était un adorateur en esprit et en vérité qui allait recevoir le Dieu caché que son cœur connaissait depuis longtemps.

Une première communion faite avec toutes les dispositions nécessaires rend celui qui en est l'objet digne des plus grandes faveurs du ciel.

Il n'y a donc pas à douter que tout extasié dans l'amour de son Dieu, notre pieux jeune homme ne s'efforçât, dans ce plus beau jour de la vie, de lui demander du plus profond de son cœur, de lui faire connaître quelle serait sa vocation, chose que tout chrétien devrait demander de même, lorsque, quittant la robe d'innocence, il se revêt de la robe virile pour marcher ensuite ou à l'immortalité bienheureuse, ou à des châtiments terribles, selon le chemin qu'il prendra dans cette vallée de larmes et de misères.

Une telle prière est toujours exaucée.

Néanmoins, Dieu, qui se cache aux grands pour se montrer dans toute sa splendeur aux plus petits, se plaît toujours à éprouver ses plus fidèles serviteurs, et principalement ceux dont il veut se servir pour l'accomplissement de quelque grand dessein. D'ailleurs, l'on ne peut arriver à la perfection qu'il est possible d'atteindre, si l'on ignore les maux; et, pour les connaître réellement, il faut absolument avoir passé par les tribulations et les souffrances. Il est donc nécessaire que nous portions ici-bas la Croix de Jésus, à son exemple, si nous désirons partager un jour sa gloire dans le royaume de notre Père céleste. Il priait le ciel de lui accorder, comme la plus grande faveur, la grâce d'être élevé au sacerdoce; mais il n'en ressentait pas de contentement dans son âme, ce qui lui fit croire pendant quelque temps que le ciel n'était sourd à ses humbles supplications que parce qu'il était indigne de communiquer un jour le pain de la divine parole. C'est ainsi que Dieu éprouve ceux qu'il aime le plus. Toutefois le pieux jeune homme ne se découragea pas; il se soumit au contraire très humblement à tout ce qui lui arrivait de fâcheux, tout en redoublant de zèle et d'ardeur dans l'accomplissement de tout les devoirs d'un fervent chrétien.

De berger il devint agriculteur sitôt après sa première communion ; il était un modèle de vertus pour les domestiques de la maison de son père, et l'on pourrait dire pour tous les habitants de la paroisse. Il regardait les travaux de la campagne comme des œuvres de pénitence qui ne peuvent manquer d'être agréables à Dieu, si l'on sait lui en offrir les prémices, ce qu'il faisait tous les matins. Il n'oubliait pas non plus la Sainte Vierge, et il la considérait comme son avocate auprès du trône de Dieu, avec une entière confiance qu'infailliblement elle obtiendrait pour lui ce qu'il désirait si ardemment.

Voici ce que nous ont raconté plusieurs vieillards même de Dardilly relativement à sa grande dévotion envers la Sainte Vierge : pour s'animer davantage dans son travail, il plaçait un bâton à dix ou quinze pas devant lui, et il y attachait la petite statue de l'auguste mère de Dieu. C'est alors que son ardeur dans le travail s'enflammait à la vue de cette bonne mère, qu'il contemplait à chaque instant avec la plus grande tendresse et pour ainsi dire avec un regard de prédilection. Étant arrivé près du bâton, il récitait la *Salutation angélique*, puis il le reportait à la même distance et recommençait de nouveau son travail pour continuer ainsi jusqu'au soir.

C'est aussi à cette époque qu'il se mit sous la protection de sainte Philomène en qui il a toujours eu la plus grande vénération, ainsi que nous le verrons plus loin.

Dès l'âge de douze ans, Jean-Baptiste-Marie Vianey avait renoncé à tous les amusements que recherchent cependant avec tant d'avidité les jeunes gens ; son unique pensée était celle de Jésus-Christ mort sur le Calvaire pour la rédemption de tous les hommes.

A l'église, c'était un saint.

Ainsi que nous l'avons déjà dit, Jean-Baptiste-Marie Vianey était un vase d'élection tout rempli de la grâce de Dieu. Nous ne nous trompons pas en disant que c'était un digne successeur des Apôtres, et que, par sa piété, ses nombreuses austérités et son amour véritable de Dieu et des hommes, il devait s'élever à la hauteur des plus grands saints dont s'honore l'Église.

Il ne pouvait paraître plus à propos pour réveiller les saintes doctrines dans ce siècle d'égoïsme et d'incrédulité, et pour prouver une fois de plus à tous les faux prophètes que Jésus-Christ est toujours avec son Église et qu'il y sera jusqu'à la fin des siècles : « *Si quelqu'un m'aime, il sera aussi aimé de mon Père, et nous viendrons à lui, et nous ferons notre demeure en lui.* » Et le divin Maître ajoute : « *Je ne laisserai pas mes disciples orphelins, mais je viendrai à eux.* »

Sans doute que ceux qui se croient bien savants et qui s'affublent du titre pompeux de philosophes pour n'être véritablement que des sophistes, ne peuvent pas concevoir toutes ces choses parce qu'il n'est donné qu'aux plus humbles de les comprendre, tels qu'au saint Curé d'Ars et à tous ceux qui connaissent Jésus-Christ crucifié.

Néanmoins, comme tous les élus de Dieu, le jeune Vianey devait boire dans le calice de l'adversité avant de connaître sa sublime vocation. Chaque fois qu'il avait le bonheur de communier, jamais l'on ne vit dans le temple du Seigneur un enfant ni plus recueilli ni plus respectueux. Ah! c'est que le saint jeune homme savait que c'était là que réside Celui qui juge les rois de la terre devant lesquels cependant les autres hommes n'approchent qu'en tremblant! *Quàm terribilis est locus iste! Non est hic aliud nisi domus Dei et porta Cœli.*

Mais ce qui acheva de former ce jeune cœur à toutes les vertus, ce fut la lecture des saintes Écritures et tout particulièrement les Vies des Saints; et le plus souvent, en lisant, de grosses larmes de tendresse coulaient le long de son visage. Après son travail, tout son temps était donné à Dieu et il lui arrivait très souvent de passer une partie des nuits à la prière et à la méditation.

Tant de piété et de dévouement devait nécessairement attirer sur lui toutes les bénédictions du ciel. Aussi son heure devait bientôt venir, et Dieu, dans sa miséricorde, allait lui révéler ce qu'il voulait et attendait de lui.

Ses parents résolurent de le placer au petit séminaire de Verrières pour qu'il y continuât ses études classiques commencées par le digne curé d'Écully, disciple de saint Bruno, et expulsé par la révolution d'un couvent de chartreux. Là, le jeune Viancy fut remarqué et bientôt cité par les maîtres comme un modèle aux autres séminaristes.

Le pieux séminariste achevait à peine le cours de ses études latines, lorsque se répandit le bruit que les jeunes lévites destinés au service de Dieu seraient inquiétés par le service militaire, rigoureusement exigé de tous. Pour échapper à cette obligation incompatible avec toutes ses aptitudes et ses pensées, il alla se réfugier, ainsi que son patron, saint Jean-Baptiste, dans un désert retiré, pour s'y livrer sans obstacle cette fois à la méditation des vérités religieuses qu'il allait bientôt défendre par un long et courageux apostolat.

Après avoir souffert bien des fatigues, traversé bien des périls, franchi à pied de longues distances, visiblement protégé par la main de Dieu qui s'étendait sur lui, il pénétra dans les montagnes sauvages et abruptes d'Eourrès, village des Hautes-Alpes, arrondissement de Gap, canton de Sisteron, où il fut reçu par un fermier qui le prit à son service sous le nom de Jérôme. Il réforma la maison de son maître par ses pieux exemples et l'embauma en quelque sorte par le parfum de ses vertus. Il y établit des exercices réguliers de prière ; il dirigea lui-même l'éducation des enfants du fermier. Aussi fut-il chéri et respecté de tous comme l'ange tutélaire de cette famille qui l'avait recueilli chez elle.

Sa mère longtemps inquiète sur le sort de son fils, découvrit enfin le lieu de sa retraite; elle alla l'y chercher, et quand elle le revit, sa joie éclata en sanglots; elle le pressa sur son cœur. Le jeune Vianey, attendri lui-même jusqu'aux larmes, la reprit néanmoins doucement en lui disant qu'il fallait accepter toutes les crises et les épreuves avec résignation à la volonté divine. « Recevons, ajouta-t-il, de la Pro-
» vidence avec la même résignation le bien
» comme le mal, et bénissons Dieu qui a bien
» voulu nous réunir et faire cesser une dou-
» loureuse séparation. »

Les circonstances politiques avaient changé; Vianey pouvait rentrer dans sa famille. Il put aller revoir le vénérable Curé d'Écully qui le portait dans son cœur et conservait des regrets incessants de son départ.

Après trois années d'études consacrées à la philosophie et à la théologie, sous la direction de ce respectable maître, celui-ci le présenta au grand séminaire de Lyon pour être admis aux ordres sacrés. Mais soit insuffisance d'instruction positive dans le candidat, soit effet de l'excessive timidité de son caractère qui n'était pas encore aguerri aux examens toujours plus sévères des grandes écoles, soit plutôt cause providentielle et dessein secret de Dieu, il ne put être reçu dans cette première épreuve.

Vianey fut sensible à cet échec, mais ceux qui comme lui voient en toutes choses l'action de la Providence, ne se découragent jamais, et se soumettent avec résignation à tout ce qui leur arrive de fâcheux. Il se mit à repasser avec une ardeur nouvelle les matières sur lesquelles devaient porter ses examens ; il ne se contenta pas de l'étude, il y joignit la prière qui fait bénir et prospérer le travail ; il s'adressa surtout à la Sainte Vierge, que, dès ses plus jeunes années, il avait choisie pour confidente, pour conseillère dans tous ses desseins ; et la pensée lui vint de se présenter au grand séminaire de Grenoble. Cette pensée était celle que le Ciel devait favoriser ; il fut reçu sans difficulté dans ce grand séminaire, et quand ses supérieurs eurent connu sa fervente piété et les vertus évangéliques qui le distinguaient si éminemment de ses condisciples, ils se félicitèrent de cette acquisition et l'admirent avec joie dans la milice sainte. Ils firent plus encore en sa faveur; ils firent briller à ses yeux les plus brillantes perspectives pour le conserver dans leur diocèse; mais la reconnaissance et l'amitié qu'il devait à son vénérable maître, le curé d'Écully, en avaient autrement décidé. Il résolut d'offrir à la vieillesse de ce bon pasteur le secours et le soulagement dont elle avait besoin, persuadé d'ailleurs que l'inexpérience de sa jeunesse n'aurait qu'à se louer des leçons pratiques qu'elle en recevrait pour la conduite des âmes et l'administration d'une paroisse. Sa pensée ne pouvait manquer d'être accueillie avec bonheur au presbytère d'Écully; le saint vieillard alla lui-même le demander à l'Archevêque pour son vicaire, et, « *ce jour-là, il y eut grande joie au presbytère d'Écully*, » parce qu'une grande partie des difficultés que Dieu oppose toujours à l'œuvre des saints, avaient été si heureusement surmontées.

Toutes les vertus que nous avons remarquées jusqu'à présent dans le jeune Vianey brillèrent de leur éclat le plus vif pendant son vicariat. Il y était soutenu par les grâces nouvelles qu'il venait de recevoir dans le Sacrement de l'Ordre, par l'héroïque piété de son vénérable Curé, par les habitudes contractées dès l'enfance, et surtout par la sainte foi du devoir, la nécessité de donner à ses paroissiens l'exemple des vertus chrétiennes qu'il leur recommandait dans ses prédications, dans ses instructions publiques ou particulières. Pauvre jusqu'au dénuement, il exhortait les pauvres à supporter avec patience, avec résignation les privations de tous genres que leur enverrait un Dieu né dans une crèche et mort sur une croix. Austère et mortifié jusqu'à se faire réprimer par un crucifié de la grande Chartreuse, il prêchait avec éloquence aux autres les saintes doctrines de l'abnégation et de la pénitence exigées dans l'Évangile. Pieux et fervent jusqu'à passer au pied des autels les heures du jour ou de la nuit que ne réclamait pas le service positif de son ministère, il demandait sans relâche par la prière ou la méditation les grâces et les lumières dont il avait besoin pour s'acquitter saintement des sublimes fonctions qui lui étaient confiées pour le salut de ses frères. Dévoré du feu de la charité, du feu de cette charité qui fait monter l'homme déchu au rang des Chérubins et des Séraphins, il n'avait pas de repos qu'il n'eût trouvé le moyen de soulager la misère des pauvres, le moyen de réconcilier les pécheurs avec les lois de la pénitence, de réconcilier les malades avec Dieu et dans tous les cas avec la nécessité de la patience qui sanctifie la maladie. Son cœur ardent embrassait dans un commun sentiment d'amour toutes les misères humaines, parce que toutes sont un châtiment mérité par les violations de cette loi divine qu'il était chargé de faire connaître à ses frères.

Aussi, quel est l'orgueil qui eut longtemps résisté à cette angélique humilité ! Quel est le riche qui n'eut pas versé son superflu entre les mains de cet apôtre de la charité ! Quel est l'incrédule qui n'eut pas passé de l'admiration de tant de vertus à la croyance des doctrines qui les produisaient ! C'est ainsi que le vénérable Curé d'Écully, accablé par les années, se voyait revivre dans son disciple chéri ; c'est ainsi que tous deux, curé et vicaire, rivalisant d'austérités et de zèle, conduisaient leurs administrés à la pratique des vertus chrétiennes.

Cependant le jeune vicaire ne devait pas jouir longtemps encore de la douceur de servir Dieu sous un maître tel que M. Balley. Une maladie déjà ancienne minait sourdement son corps usé par les années, les veilles et les fatigues du saint ministère. Tout à coup elle se réveilla menaçante pour ses jours. A cette nouvelle sa paroisse consternée se réfugia au pied des autels pour demander à Dieu la continuation d'une vie si heureusement consacrée à son salut. Mais le vénérable Curé sentait bien lui-même que son heure était venue; il se prépara à la mort, et voulut recevoir des mains de son élève les derniers secours de la religion.

Tous les assistants fondaient en larmes, mais lorsque, se soulevant sur son lit de mort, le saint vieillard, d'une voix presque éteinte, demanda à son vicaire et à ses paroissiens pardon des scandales qu'il avait pu leur donner, et que le vicaire, en son nom et en celui des paroissiens, lui demanda pardon à son tour pour les peines et les fatigues qu'ils lui avaient données, les sanglots se firent entendre; ce fut un spectacle qui brisait le cœur et qu'il est impossible de décrire.

Le lendemain, après la messe que le vicaire avait célébrée pour la santé du malade et à laquelle toute la paroisse avait assisté, le curé lui dit d'une voix mourante ces paroles qui furent les dernières :

« Mon bien cher ami, je vous remercie; cou-
» rage, continuez à aimer, à servir le bon maî-
» tre; il ne vous abandonnera pas. Je me re-
» commande à vos prières; pensez à moi au
» saint sacrifice de nos autels. Oh! aimez tou-
» jours bien le divin sauveur Jésus. Adieu....,
» nous nous reverrons là-haut... Adieu. »

La paroisse d'Écully venait de faire une perte difficile à réparer; mais si elle perdait le maître, elle gardait le disciple qui marchait sur ses traces. Elle ne devait pas jouir longtemps de cette consolation. Peu de mois après la mort de M. Balley, son élève fut nommé à la cure d'Ars, vacante par la mort du titulaire. Cette nouvelle jeta la consternation parmi les habitants de cette commune. Tout ce que la supplication a de plus touchant fut tour à tour employé pour déterminer M. Vianey à rester avec eux; mais leurs ardentes prières, qui l'émurent profondément et dans lesquelles il vit un nouveau témoignage de reconnaissance pour son maître chéri, ne purent faire fléchir dans son cœur la volonté d'accomplir le saint devoir de l'obéissance aux supérieurs. Tout ce qu'il put accorder à sa propre émotion et à celle de ses paroissiens, ce fut de lui épargner les douloureux adieux d'une nouvelle séparation; il partit donc de nuit et se rendit où Dieu l'appelait. Et, quand il fut en vue de la terre qu'il devait arroser de ses sueurs, il s'agenouilla, suppliant celui en qui il mettait toute sa confiance, d'y répandre les grâces nécessaires pour la fertiliser.

Cette prière, cette demande de grâces particulières, utile à toute entreprise chrétienne, était surtout nécessaire au Curé d'une paroisse telle que celle d'Ars à cette époque. Tout y était à réformer ou plutôt à créer, Église, matériel, culte et consciences. L'Église n'était qu'une pauvre petite chapelle aussi misérable au dehors qu'en dedans; presque point d'ornements, point d'offices solennels, point d'instructions religieuses; en revanche, dans le village, beaucoup de cabarets, de dissipations, de réunions, de violations publiques de la loi du dimanche et des autres commandements de Dieu ou de l'Église.

Plein de confiance dans l'assistance divine, il se mit à l'œuvre, et sachant par l'histoire de l'Église que le matériel découle du spirituel, que c'est l'esprit qui forme le corps, il s'appliqua à relever les ruines des temples spirituels formés par les âmes qui lui étaient confiées, avant de réparer celles du temple matériel qui n'en était que l'image.

Nous avons passé avec rapidité, dans cette courte notice destinée à devenir populaire, sur les premiers moments de l'existence de notre saint Prêtre. Nous sommes arrivé à la partie la plus intéressante de sa vie. On nous permettra donc d'y insister plus particulièrement.

Il commença par proscrire la danse chez ses paroissiens, jugeant avec raison cet amusement comme pernicieux au salut des âmes et aux habitudes de piété qu'il voulait faire régner parmi eux.

Lorsqu'il apprenait que les jeunes personnes de sa paroisse avaient fréquenté la danse, il ne pouvait s'empêcher de pleurer : il prenait alors cet air de tristesse et de compassion que la pensée du péché produit toujours chez lui. Il lui est arrivé souvent de rester plusieurs jours sans prendre aucune nourriture, pour expier, par la sévérité de ce jeûne, les péchés de ces malheureuses filles qui n'avaient pas obéi à ses avis, et obtenir leur conversion.

Il a toujours détesté toute espèce de danse, aussi bien celle des noces que celle des fêtes patronales. Il lui est arrivé quelquefois d'interdire les sacrements aux pères de famille qui avaient permis la danse au mariage de leurs enfants. Cette fermeté, qui ne faisait aucune acception de personne, qui avait lieu à l'égard du riche comme à l'égard du pauvre, produisait toujours de très heureux effets et était couronnée du succès, parce qu'on était plein de respect pour sa vertu.

Ce zélé ministre du Seigneur était aussi sévère à l'égard des jeunes gens qu'à l'égard des filles : « Les garçons, disait-il, ont une » âme à sauver comme les filles ; il n'y a pas » deux chemins pour aller au ciel. » Dès le principe, plusieurs jeunes gens furent dociles à ses avis, adoptèrent avec empressement ses pratiques de dévotion et se firent recevoir aux confréries de la Sainte-Vierge. On les voyait fréquenter les sacrements ces jours-là, et les grâces célestes, par l'intercession de Marie, commençaient à abonder dans cet heureux village. Quant aux jeunes filles, elles renoncèrent de bon cœur à ces divertissements qui pouvaient devenir dangereux pour elles, et formèrent le noyau de personnes dévotes et dévouées à la Sainte-Vierge, que l'affluence des pèlerins est venue augmenter.

Par la fermeté de M. Vianey, la danse a entièrement disparu d'Ars, et si elle s'est montrée quelquefois par suite du caprice, la fermeté et la bonté de M. le Curé ont bientôt fait disparaître ces abus qui cherchaient à renaître par l'instigation de l'ennemi de notre salut. L'anecdote que je vais citer en est une preuve frappante. Les hommes voulurent, une année, tenir la vogue pour la fête patronale, et ils eurent la légèreté de se promener sur la place publique, musique en tête, et ayant des rubans à leurs chapeaux. Le dimanche suivant, par une heureuse et piquante réprimande, M. le Curé les eut bientôt rappelés à leur devoir. « Je crois, dit-il, que les hommes de ma
» paroisse sont mécontents de leurs femmes et
» qu'ils veulent se vendre ; car ils avaient des
» rubans à leurs chapeaux, comme à un jour
» de marché où l'on loue les domestiques. »

Ce reproche fit honte aux coupables, tout rentra dans le devoir, et ils profitèrent de la leçon de leur pasteur.

A l'arrivée de M. le Curé à Ars, la population était dans l'usage de célébrer la fête de son patron, Saint-Sixte, par des danses et des jeux qui duraient toute la journée et se prolongeaient dans la nuit. Le lendemain, il en était de même le jour de la Saint-Blaise, les jeunes gens parcouraient le village musique en tête, les habitants leur faisaient, ainsi que cela est d'usage ailleurs, des présents, les uns donnaient des œufs, d'autres de la volaille, d'autres remplissaient de vin le vase qu'ils portaient avec eux, le village parcouru, ils entraient s'attabler dans une auberge où ils dépensaient le produit de leur quête. Après le dîner, le bal commençait pour durer jusqu'au jour. Et le mardi-gras on se masquait, on se déguisait. Le 1er mai les jeunes gens allaient aussi sous les fenêtres des jeunes filles chanter et danser. M. Vianey conçut donc l'idée de détruire ces funestes habitudes; ses prières, ses exhortations eurent, après deux années, un entier succès; il employa tous les moyens que lui suggéra son ardeur pour le salut de ses chers paroissiens. L'un des aubergistes était dans l'usage de payer le jour de la fête des musiciens qui s'installaient chez lui et faisaient danser la jeunesse. M. le Curé lui envoya une personne pour lui demander quelle pouvait être la somme de bénéfice que lui rapporterait la fête, l'aubergiste fixa une somme. Aussitôt que M. le Curé connut le montant, il la lui fit remettre. L'aubergiste écrivit aux musiciens de ne pas venir à Ars; de ce jour, la vogue fut abolie au village.

C'est surtout à la célébration du dimanche que le saint pasteur donna ses soins. Avant sa venue, cette célébration était tout à fait négligée. On passait le jour consacré au Seigneur, dans des délassements frivoles, s'ils n'étaient pas nuisibles et honteux. Les hommes employaient leur temps à jouer, à boire dans les cabarets, et après les libations continuées quelquefois pendant toute la journée, le soir venu, ils se livraient à des disputes suivies parfois de rixes où le sang coulait. Les femmes ne menaient pas, pour la plupart, une conduite plus édifiante, s'abandonnant à des promenades suspectes, à des jeux peu innocents, à la danse surtout qui était leur passion favorite. En un

mot, on s'occupait pendant le dimanche de tout hormis de Dieu et de son salut. Aussi, le pasteur eut-il beaucoup à faire pour rompre de vieilles habitudes, pour lutter corps à corps avec des préjugés si enracinés. Il fit de la sanctification du dimanche le sujet de plusieurs instructions. « On emploie, répétait-il souvent,
» toute la semaine pour le corps et les besoins
» matériels, n'est-il pas juste et convenable
» d'accorder un jour à l'âme, à ses besoins
» spirituels, au service du Seigneur; il ne de-
» mande qu'un jour sur sept, le lui refuserons-
» nous? »

Sous l'impulsion de cette piété extraordinaire, qui s'exhalait en ardents conseils, le village d'Ars fut peu à peu transformé. L'ascendant du bon Curé prit le dessus sur les mauvais penchants des paroissiens qui le regardèrent bientôt comme leur père bien-aimé, auquel chacun aurait craint de faire la moindre peine. Le respect du dimanche fut poussé si loin que les voitures publiques amenant les pèlerins durent chômer ce jour-là, et que les cultivateurs cessèrent de se livrer à aucun travail manuel. La transformation fut si complète que quelques années seulement après la nomination de Jean-

Marie Vianey à la cure d'Ars, divers pèlerins la constataient dans leurs discours et dans leurs écrits. L'abbé Renard, originaire d'Ars, et qui, par conséquent, connaissait très bien ce qu'étaient ses compatriotes avant l'arrivée du saint Prêtre, rend, du changement opéré dans leurs mœurs, le témoignage le plus formel. Voici comment il s'exprime sur le bien produit dans la commune par son vénérable Curé :

On peut dire qu'à Ars la mission est perpétuelle; on y voit chaque jour le même mouvement que celui qui existe dans les autres paroisses, la veille des grandes solennités, ou pendant une mission. Dans cet obscur village, il y a journellement plusieurs centaines de pèlerins. Si on y reste un mois, la vue est récréée par une succession non interrompue de personnes de différents pays, qui y viennent, ou pour faire des retraites, ou pour s'acquitter de leurs vœux, ou pour consulter le ministre du Seigneur. Tout intéresse, tout édifie; l'air réfléchi des personnes annonce qu'elles traitent quelque chose de grave.

Dans les grandes villes, que fait-on pour se délasser? On va à la promenade, au café, ou théâtre, dans les cercles. A Ars, il n'y a qu'un lieu de réunion : c'est l'église ; on va dans la maison du Seigneur, on y prie, on y médite, on fait des neuvaines, on récite le chapelet, on entoure le tribunal sacré de la pénitence. Les joies dissolues sont remplacées par les gémissements du repentir, les larmes de la pénitence prennent la place du ris immodéré ; le silence, le recueillement font disparaître les conversations bruyantes. On oublie en quelque sorte ses occupations ordinaires, pour ne penser qu'au salut de son âme. Oh! que le temps y est saintement employé!

Il y a à Ars tout ce qu'il faut pour exciter et satisfaire la dévotion. Veut-on méditer sur la passion de Jésus-Christ? on y trouve la chapelle de la Flagellation, ou bien l'on va faire le chemin de la Croix dans l'élégante chapelle de la Sainte Famille, qui est attenante à la Providence. Veut-on se mettre sous la protection de la Ste-Vierge? on va prier dans sa chapelle, qui est bien ornée. Veut-on comme entendre la voix de celui qui crie dans le désert : Préparez les voies du Seigneur? on va implorer le secours de saint Jean-Baptiste, patron de M. le Curé, dans sa jolie chapelle. Veut-on obtenir la guérison ou du moins le soulagement de ses maux ? on se recommande à Ste-Philomène, la thaumaturge d'Ars, dans sa chapelle toujours pleine d'infirmes. Oh! qu'on est saintement encouragé à ne pas abuser du temps que Dieu nous accorde pour nous convertir ! Eh ! pourrait-on demeurer oisif, être indifférent sur la grande affaire du salut, en présence d'un Prêtre continuellement occupé à sanctifier les âmes ?

Il fait bon se trouver à Ars un jour de dimanche ; on y éprouve un sentiment religieux, dont le souvenir s'efface difficilement. On peut dire que là se voit véritablement le jour que le Seigneur a fait, puisque la journée lui est pleinement consacrée. La sanctification de ce jour est le fruit du zèle du vénérable Pasteur.

Ce jour là, les communions sont plus nombreuses, la prière est perpétuelle, l'église est toujours remplie de personnes pieuses qui prient avec ferveur, qui demandent à Dieu la grâce de la persévérance. Pendant les offices, l'affluence est tellement grande, qu'on peut à peine se remuer. M. le Curé fait régulièrement le catéchisme à une heure après midi et on y assiste comme à la messe. Immédiatement après les vêpres et complies, et après le chant de l'antienne à la Sainte-Vierge, le fervent dévôt de Marie monte en chaire en habit de chœur et commence de suite le chapelet : les hommes comme les femmes le récitent avec dévotion.

Vers la chute du jour, la cloche du village se fait entendre : tout le monde se rend à l'Église avec empressement ; le pasteur appelle ses brebis au temple du Seigneur pour leur faire part de ses inspirations de la journée et leur expliquer le saint Évangile dans une instruction pleine de chaleur et d'onction. Sa voix, affaiblie par sa vie austère et par ses incessantes occupations, se fait à peine entendre : on prête une attention soutenue; chacune de ses paroles est recueillie comme une pierre précieuse. Le cœur frémit, on se sent enflammé de l'amour de Dieu en entendant ces élans d'amour qui s'échappent de cette poitrine que le feu divin dévore. On se retire plein de recueillement, et on va se livrer au repos de la nuit en méditant sur l'instruction que l'on vient d'entendre. Le sommeil n'est point troublé par les chants nocturnes, qui sont la suite des cabarets et autres lieux de débauches. Il n'y a point de cabarets à Ars, il n'y a que des hôtels modestes pour le logement des pèlerins : là, tout se passe avec ordre, avec décence, avec sobriété ; on n'y voit ni jeux, ni divertissements publics. Tout le temps est consacré à honorer Dieu et à de pieuses récréations.

Comme il convient à notre plan d'insister surtout sur les bienfaits de ce Prêtre selon le cœur de Dieu, nous allons encore citer à ce sujet les lignes qu'à écrites sur notre héros M. Aubineau, dans un article de l'*Univers* :

Ars était un cadre approprié aux vertus d'humilité, de simplicité et de petitesse que la Providence voulait faire éclater dans son serviteur. Dépourvue de grandes voies de communication, éloignée des centres de population et de commerce, cette commune du département de l'Ain, sur la rive gauche de la Saône, dont elle est distante de quelques kilomètres, contient trois ou quatre cents âmes; la réputation du Curé se répandit de bouche en bouche ; quelques faits merveilleux qu'on lui attribuait, entre autres la multiplication du blé dans les greniers des sœurs de la Providence de la paroisse, contribuèrent peut-être à la propager ; les pèlerinages commencèrent et ils s'augmentèrent tous les jours ; il y a 25 *ans* on avait déjà organisé, à l'usage des pèlerins, un service de voitures publiques qui se rendaient de Lyon à Ars ; la distance est de 7 à 8 lieues, huit ou dix grandes voitures ne suffisaient pas, par jour, à l'affluence des pèlerins. L'administration avait dû s'occuper de ce concours, et des chemins impraticables, dans l'origine, avaient été transformés en grandes routes. Dans les dernières années, la Compagnie du chemin de fer de Lyon crut devoir aussi s'occuper d'Ars, et offrit des conditions particulières aux pèlerins. Au bout de leur voyage, ceux-ci trouvaient une pauvre église, et un pauvre hameau dont toutes les maisons, à peu près, étaient transformées en auberges, ou en magasins de piété. Derrière l'église règne une place assez vaste, où se distinguent quelques constructions récentes à l'usage des pèlerins, mais dont la plupart des bâtiments sont des masures habitées par des cultivateurs. Le petit paysage qui s'étend au-delà, sans grands horizons, et sans accidents singuliers, tout rempli des champs et des haies de la Dombes, n'a rien non plus qui puisse flatter ou charmer les curieux ; rien donc ne devait les attirer, et la Providence a voulu que, pendant 25 ans, les populations du XIXe siècle, si amoureuses de toutes les vanités, vinssent en foule à Ars, rendre hommage à l'humilité et à la simplicité. Pendant que les beaux esprits de nos jours s'évertuaient contre la confession et ses influences, le peuple leur répondait en venant à Ars vénérer un confesseur ; le saint Curé pouvait bien avoir d'autres titres au respect et à l'empressement qu'il attirait, mais le caractère de confesseur dominait tout aux yeux des pèlerins ; c'était au Confesseur que cette multitude arrivant à Ars, de tous les points de l'horizon, voulait avoir affaire ; la vie du Curé d'Ars s'est passée à la lettre dans le confessional ; il y entrait dès une heure du matin ; il n'en sortait qu'à 8 ou 9 heures du soir. Sur les 20 heures qui composaient ainsi sa journée de travail, il prenait le temps de sa messe et de son action de grâces. — Tous les jours vers 11 heures, il faisait le catéchisme, il montait dans une sorte de petite chaire ou plutôt de stalle, d'où il adressait les enseignements les plus simples, se contentant de commenter et de suivre la lettre du catéchisme ; après le catéchisme il rentrait chez lui prendre son repas, il disait son office, faisait ensuite la visite des malades de la paroisse et se remettait au confessional. C'est là, surtout, que se révélaient son autorité et sa puissance ; que d'âmes pacifiées et reconcilées ; que de vocations éclairées ; que de lumières répandues dans les consciences. — La foule comprenait l'importance des bienfaits dont le vénérable Curé était le dispensateur, elle était avide de les recevoir. Si matin que le Curé se levât, les pèlerins l'avaient devancé et l'attendaient à la porte de son église ; un grand nombre passait la nuit pour être assuré d'arriver jusqu'à lui. On avait établi une certaine règle, le Curé avait des heures consacrées particulièrement aux hommes. Il les entendait, d'ordinaire, dans sa sacristie, et ils remplissaient le chœur de l'église en attendant que leur tour fût venu. Tout se faisait avec ordre, et l'arrivée de chacun déterminait son rang. Ordinairement, à moins d'une affluence inaccoutumée de pèlerins, un homme, au bout de 48 heures, était assuré de parler au Curé d'Ars ; mais il y avait les privélégiés, quelquefois le Curé les distinguait au milieu de l'affluence et les appelait lui-même ; le peuple, qui aime toujours les merveilles, prétendait que le discernement du saint Curé lui faisait reconnaître ceux que quelques obstacles eussent empêché d'attendre, et qui avaient des raisons particulières de s'adresser à lui. On remarquait dans ce saint personnage l'exténuation du corps humain, poussée jusqu'à ses dernières limites. Dans son visage amaigri et détruit pour ainsi dire, les yeux seuls marquaient la vie, ils dardaient des étincelles lorsqu'il parlait de l'amour divin. Sa voix était comme un souffle insaisissable ; elle expirait dans les larmes, aussitôt qu'il arrivait à parler de la bonté de Dieu, ou de la perversité du péché.

C'est surtout de l'incomparable Curé d'Ars que l'on peut dire : « Il a passé sa vie à faire le bien. » Quelle existence que celle de ce pauvre prêtre ! De l'autel à la chaire, et de la chaire au confessionnal; à l'autel, faisant passer dans toutes les âmes l'inspiration qui l'animait, et la vénération profonde qu'il ressentait pour le Saint-Sacrement; à la chaire modeste où il s'asseyait, enseignant le catéchisme à ses enfants, dans un style simple entrecoupé d'élans, d'aspirations célestes, qui touchaient les assistants jusqu'aux larmes, et brisaient l'incrédulité la plus invétérée. Nous avons eu le bonheur de l'entendre plus d'une fois, et jamais, non jamais nous n'oublierons l'impression qu'il a faite à notre cœur; nous la gardons comme le plus cher et le plus doux souvenir. Au confessionnal, que d'âmes égarées rappelées à Dieu, que de souffrances morales guéries ou consolées, que de passions apaisées, que d'infortunes soulagées ! Le bon Pasteur ne voulait pas employer un seul moment qui ne fût consacré au salut de ses ouailles; il dérobait tout ce qu'il pouvait au sommeil; et son zèle ardent égale, s'il ne dépasse pas, celui des plus grands saints. Il aurait cru perdre sa journée, s'il n'avait opéré au moins une conversion, arraché une âme à Satan, et gagné un élu pour le paradis.

Beaucoup de fidèles avaient en M. le Curé d'Ars une confiance inaltérable, et ce n'était pas seulement pour les besoins spirituels qu'ils venaient le trouver, ils le consultaient aussi dans les affaires temporelles les plus épineuses, et en rapportaient de sages et prudents avis dont ils profitaient avec foi. Le peuple, dans sa pieuse crédulité, attribuait à un don du ciel les réponses du digne Pasteur; il pensait, non sans raison, qu'un homme si vénérable devait être souvent visité par l'esprit de Dieu. On redevenait simple et bon rien qu'en lui parlant; on respirait, en un mot, une atmosphère de sainteté, de sagesse et de charité autour de lui, toutes les mauvaises pensées de lucre, d'orgueil et de concupiscence disparaissaient comme par enchantement; aussi de tous les points de la France et de l'étranger la foule de pèlerins accourait près du saint homme, avec un empressement qui rappelle les plus beaux jours de la foi chrétienne; on pouvait dire que partout où le Catholicisme était connu, partout la réputation de M. le Curé d'Ars était répandue, et portée à la connaissance de tous les fidèles par les mille voix de la renommée et par la reconnaissance de ceux qui avaient eu le bonheur de le voir et de lui parler.

Après avoir dit ce qu'il a fait au point de vue moral et spirituel pour son village d'abord et ensuite pour la chrétienté tout entière, nous arrêterons-nous longtemps à exposer les embellissements qui, par ses soins, ont eu lieu dans l'Église d'Ars, l'érection de la chapelle de Saint-Jean-Baptiste, patron de M. le Curé, de la chapelle de Sainte-Philomène envers qui il avait une dévotion particulière, l'ornementation du Maître-Autel, etc., etc? Ces choses pèsent peu en comparaison de ce que nous venons d'exprimer. Nous y reviendrons d'ailleurs dans la partie légendaire de la vie du saint Personnage. Ce que nous décrirons un peu plus longuement, ce sont les établissements de charité dont il a doté le village d'Ars, parce que ces établissements tous patronés et quelques-uns créés aux frais de M. Vianey, prouvent son ardente sollicitude pour l'intérêt des pauvres, et pour faire cesser l'ignorance qui est le fléau des campagnes, et qui empêche un grand nombre d'âmes de s'instruire dans les vérités de la religion. C'est aussi le motif principal qui inspira le bon Prêtre dans la fondation de *sa Providence*, sur laquelle il veilla avec amour pendant sa vie, et qui, il faut l'espérer, gardera pieusement son souvenir et sera dirigée toujours suivant ses nobles intentions.

Lorsque M. Vianey fut nommé à la cure d'Ars, il remarqua que c'était l'ignorance où étaient plongés les habitants qui les rendait pervertis. Après avoir corrigé les abus qui étaient capables de les faire tomber dans le péché, il prit la résolution de fonder une maison où l'on recevrait les pauvres orphelines, afin de leur donner la nourriture du corps et de l'âme et pour en faire de bonnes mères de famille ou d'excellentes religieuses, selon leur vocation. Après avoir acheté la maison, il lui fallut chercher des personnes capables de la diriger, et de donner une éducation suffisante aux jeunes personnes qui allaient fréquenter cette école ou providence.

M. Vianey choisit, parmi ses paroissiennes, les deux jeunes personnes les plus avancées dans l'instruction et les pratiques religieuses ;

il les plaça chez les sœurs de Fareins, commune voisine d'Ars, pour les faire mettre au courant de la direction de l'école. Ce fut au bout d'un an que ces deux jeunes filles vinrent à Ars ouvrir l'établissement fondé par M. Vianey. Une veuve de Chalcins se joignit à elles pour leur aider à gouverner cette maison. M. Vianey donna à cet établissement le nom de Providence. Il vendit ses biens patrimoniaux et consacra cette somme à commencer l'œuvre. Aussitôt que cette maison fut achevée, on vit de tous côtés des mères de famille, veuves et sans ressources, venir auprès de M. le Curé d'Ars, pour faire recevoir leurs enfants dans sa Providence. On fixa le nombre d'orphelines qui seraient reçues dans cette maison à 50. Elles devaient y être admises à l'âge de six ans, et entretenues jusqu'à l'âge de 15 ou 16. La Providence les plaçait ensuite chez des maîtres jusqu'à l'âge de 21 ans. Ces jeunes filles qui étaient soumises à la surveillance de la Providence, quoiqu'elles fussent en service chez des maîtres, devaient recevoir une petite dot pour se marier ou se faire religieuses, selon leur vocation. Les dons faits par les étrangers à M. le Curé d'Ars, furent toujours assez nombreux pour subvenir aux dépenses de l'établissement. Depuis plus de 30 années que durait cette Providence, rien ne manquait à l'entretien des enfants qui y étaient reçus. Après ce long laps de temps, la Providence d'Ars fut cédée à la maison des sœurs de St Joseph, de Bourg, avec une fondation à perpétuité de sœurs de cet ordre, pour faire classe aux jeunes filles.

La fondation de deux autres établissements est due également à M. le Curé d'Ars. L'un d'eux est l'école des frères de la Ste-Famille. Les frères, placés dans cette institution, sont au nombre de sept. Ils sont chargés d'instruire les enfants de la commune. Leur installation dans cet établissement date de dix années; pendant les sept premières, ils n'eurent pour élèves que des externes, mais depuis trois ans, ils tiennent des pensionnaires dont le nombre dépasse soixante. Ils donnent à leurs élèves une éducation basée sur les principes religieux, tout en appliquant leurs jeunes intelligences à l'étude de la langue française, des mathématiques élémentaires, du dessin, etc. Le prix de la pension pour chacun des élèves est de 35 fr. par mois, et nonobstant sa modicité, les éleves y sont nourris, couchés et blanchis aux frais de l'établissement de la manière la plus convenable. L'établissement consiste en un très beau corps de bâtiment placé au centre du village; un magnifique jardin en est la dépendance et les élèves peuvent, aux heures des récréations, s'y promener librement. Une partie des bâtiments est la propriété de la commune; et l'autre partie, plus importante que la première, est la propriété de la société des frères de Saint-Joseph qui l'ont fait construire seulement depuis quelques années.

Le troisième établissement, dont il nous reste à parler, est celui des Missionnaires d'Ars, dû également aux soins et à l'initiative de M. le Curé. Cet établissement, il est vrai, n'est constitué que d'une manière provisoire; deux missionnaires seulement y ont leur résidence, et desservent la paroisse depuis la mort de M. Vianey.

Voilà les œuvres apparentes de M. le Curé d'Ars; mais, combien d'œuvres cachées et plus méritoires ont signalé sa vie. La partie la plus importante et la plus utile s'est passée tout entière dans le confessionnal, à interroger et à panser les plaies morales des pénitents les plus divers, à disputer leurs âmes à la gangrène spirituelle de l'athéisme et de l'incrédulité, à trouver mille ressources ingénieuses pour les ramener au bien et à la pratique de la religion. L'admirable Confesseur est mort à la peine. Il n'a cessé ses travaux que lorsque l'épuisement l'a pris. Une nuit il ne put plus se rendre au sacré Tribunal, c'était l'indice de *sa pauvre fin*, comme il l'appelait avec l'humilité qui ne l'a point quitté ; mais ce jugement ne sera pas ratifié par ses contemporains et par la postérité. Non, ce n'est pas *une pauvre fin*. Sa mort a été sublime comme sa vie. L'Église qu'il a honorée, mais dont nous ne voulons pas devancer les décisions, saura bien le dire ; elle classera un jour M. le Curé d'Ars parmi les plus grands modèles qu'elle présente à notre vénération.

Insistons maintenant sur les qualités morales et intellectuelles de M. Vianey. Tout en parlant des saints, du ciel et des choses divines, il gardait son langage familier et ne connaissait que les comparaisons populaires ; mais l'esprit de Dieu qui était en lui donnait aux paroles les plus vulgaires une magnificence de justesse et de naïveté incomparable. On ferait un recueil de ses mots : tous ceux qui ont entendu ses catéchismes pourraient en citer quelques-uns. Plongé dans la vie céleste et dans la lumière, il avait une grande compassion pour ceux qui étaient mêlés ou perdus dans les mondanités et les folies de la terre.

Il plaignait les pauvres gens du monde. Ils portent, disait-il, un manteau d'épines qui ne les garantit pas du froid, qui les pique et les fait saigner au moindre mouvement, tandis que les saints ont sur leurs épaules un bon manteau doux et chaud, tout doublé de peau de lapin. Je cite ses propres paroles, j'en puis garantir l'authenticité, et dans cette simplicité de langage, il y a une force et une grâce qui, je l'espère, n'échapperont pas au lecteur. Quelquefois aussi sa parole s'élevait, et tout en conservant sa familiarité acquérait une grandeur et même une pompe extraordinaires. Expliquant la procession du Saint-Esprit, il le peignait sortant du sein du Père et du Fils comme d'un océan de lumière et d'amour, semblable à une colombe secouant sur les hommes et sur la nature ses ailes chargées de rafraîchissement et de fécondité.

Que n'a-t-on recueilli tous ses catéchismes ! il y aurait là des trésors de foi, des explications lumineuses et splendides, soit des mystères, soit de la morale. Quelques-uns ont échappé à la perte regrettable que nous signalons, ils ont été écrits à l'aide de notes et de la mémoire par l'auteur d'*Ars et le jeune philosophe*, par un des éditeurs de ce livre, et dans *Le pélerinage d'Ars*.

Nous allons nous permettre quelques citations de ces instructions sublimes et éloquentes par leur simplicité même :

Le bonheur de l'homme sur la terre, mes enfants, est d'être bien sage; ceux qui sont bien sages bénissent le bon Dieu, l's l'aiment, le glorifient et font toutes leurs actions avec joie et amour, parce qu'ils savent que nous ne sommes en ce monde que pour servir et aimer le bon Dieu.

Voyez les mauvais chrétiens : ils font tout avec peine et dégoût; pourquoi, mes enfants? parce qu'ils n'aiment pas le bon Dieu, parce que leur âme n'est pas pure et que leur espérance n'est plus au ciel, mais sur la terre. Il faut nous décider, une bonne fois, à travailler sérieusement à notre salut; notre âme est comme un jardin où les mauvaises herbes sont toujours prêtes à étouffer les bonnes plantes et les fleurs qu'on y a semées. Si le jardinier qui doit prendre soin de ce jardin se néglige, s'il n'a pas continuellement la bêche et la pioche à la main, fleurs et plantes disparaissent bientôt. Ainsi, mes enfants, disparaissent, sous les vices, les vertus dont Dieu s'est plu à orner notre âme, si nous négligeons d'en prendre soin. De même qu'un jardinier vigilant travaille du matin au soir à détruire les mauvaises herbes de son jardin et à l'orner de fleurs, travaillons aussi chaque jour à extirper les vices de notre âme et à l'orner de vertus. Voyez, mes enfants : un jardinier ne laisse jamais prendre racine aux mauvaises herbes, parce qu'il sait qu'il ne pourrait plus venir à bout de les détruire.

C'est ainsi que par des comparaisons vulgaires, mais pleines d'à-propos, il mettait à la portée de tous les plus hautes vérités et les plus précieux conseils. Combien il s'élevait en parlant de la mort :

Un jour viendra, peut-être n'est-il pas loin, où il faudra dire adieu à la vie, adieu au monde, adieu à nos parents, adieu à nos amis. Quand reviendrons-nous, mes enfants ? jamais. Nous paraissons sur cette terre, nous disparaissons et nous ne revenons plus ; notre pauvre cadavre que nous soignons tant, s'en va dans la poussière, et notre âme toute tremblante s'en va paraître devant le bon Dieu.

En quittant ce monde, où nous ne reparaîtrons plus, en laissant échapper notre dernier souffle de vie, notre dernier adieu, nous voudrions bien avoir passé notre vie dans la solitude, dans le fond d'un désert, loin du monde et de ses plaisirs.

Nous avons, tous les jours, mes enfants, de ces exemples de repentir sous les yeux, et nous restons toujours les mêmes. Nous passons gaiment notre vie sans jamais nous inquiéter de l'éternité. A voir notre indifférence pour le service du bon Dieu, on dirait que nous n'allons jamais mourir.

Voyez, mes enfants, il y en a qui passent leur vie sans penser à la mort; elle arrive, et voilà qu'ils n'ont rien : la foi, l'espérance, l'amour, tout est déjà mort chez eux.

Quand la mort viendra pour nous, à quoi nous auront servi les trois quarts de notre vie? De quoi nous occupons-nous, la plupart du temps? Pensons-nous au bon Dieu, à notre salut, à notre âme?

La vie, mes enfants, est une fumée, une vapeur légère; elle disparait plus vite qu'un oiseau qui fend l'air, qu'un vaisseau qui vogue sur la mer et ne laisse aucune trace de son passage?

Quand mourrons-nous ? hélas! sera-ce dans un an, dans un mois? peut-être demain! peut-être aujourd'hui! Ce qui arrive à tant d'autres ne peut-il pas nous arriver ?

Avec quelle puissance de raisonnement, quelle chaleur de conviction ne dépeignait-il pas toute la malice du péché. . . . . .
. . . .

O mes enfants, que nous sommes ingrats! Le bon Dieu nous appelle à lui, il veut nous rendre éternellement heureux, et nous étouffons sa parole, nous ne voulons point partager son bonheur; il nous fait un précepte de l'aimer, et nous donnons notre cœur au démon. . . .

Le bon Dieu commande en maître à toute la nature; il se fait obéir par les vents et les tempêtes; les anges tremblent à ses volontés adorables; l'homme seul ose lui résister.

Voyez : Dieu nous défend cette action, ce plaisir cri-

minel, cette vengeance, cette injustice : n'importe ! nous voulons nous satisfaire: nous aimons mieux renoncer au bonheur du ciel, que de nous priver d'un moment de plaisir, que de quitter une habitude criminelle, que de changer de vie. Que sommes-nous donc pour oser ainsi résister à Dieu ? Cendre et poussière qu'il pourrait anéantir d'un seul regard. . . . .
. . . .

O mes enfants, offenser un Dieu qui ne nous a jamais fait de mal, c'est être bien ingrats; mais offenser un Dieu qui ne nous a jamais fait que du bien, n'est-ce pas le comble de l'ingratitude ?

Comme il est pressant, émouvant lorsqu'il parle de l'orgueil, de l'avarice, de la luxure, de l'envie et des autres péchés capitaux. Ses catéchismes sur la grâce et la prière sont remplis de douceur et d'onction. Revenant sur l'amour de Dieu, il s'écrie :

Rien de plus essentiel que l'amour du bon Dieu. C'est la première de toutes les vertus, vertu si nécessaire que, sans elle, nous n'entrerons jamais dans le ciel, et c'est pour aimer le bon Dieu que nous sommes sur la terre. Quand même le bon Dieu ne nous le commanderait pas, ce sentiment nous est si naturel, que notre cœur devrait s'y porter de lui-même. Mais le malheur est de prodiguer notre amour à des objets qui en sont toujours indignes et de le refuser à celui seul qui mérite infiniment d'être aimé. Ainsi, mes enfants, l'un aimera les richesses, l'autre aimera les plaisirs, et tous deux n'offriront au bon Dieu que les restes languissants d'un cœur consumé pour le monde. De là amour insuffisant, amour partagé et par là même indigne du bon Dieu, car lui seul étant infiniment au dessus de tous les biens créés, mérite que nous l'aimions par dessus toutes chosses.....

Aiment-ils le bon Dieu, ces mauvais chrétiens qui sont esclaves de leurs passions? Aiment-elles le bon Dieu, ces personnes mondaines qui ne cherchent qu'à flatter leurs corps et à plaire au monde? Dieu est-il aimé de l'avare, qui le sacrifie pour un vil intérêt? Est-il aimé de ce voluptueux qui s'abandonne aux vices les plus opposés à l'amour divin? Est-il aimé de cet homme qui ne pense qu'au vin, qu'à la bonne chère? Est-il aimé de cet autre, qui conserve de l'aversion pour son prochain et ne veut point lui pardonner? Est-il aimé de cette jeune personne du sexe qui n'aime que les plaisirs et ne pense qu'au luxe et à la vanité? Non, non, mes enfants, toutes ces personnes n'aiment pas le bon Dieu; car nous devons l'aimer d'un amour de préférence, d'un amour agissant!... Si notre amour est agissant, il se manifestera par les œuvres qui en seront les effets, parce que l'amour du bon Dieu n'est pas seulement un amour de préférence, mais une pieuse affection, un amour d'obéissance qui nous fasse pratiquer ses commandements, un amour agissant qui nous fasse remplir tous nos devoirs de bon chrétien. Voilà, mes enfants, l'amour que Dieu demande de nous, et qu'il mérite à tant de titres, qu'il a acheté par tant de bienfaits, dont il nous a comblés en mourant pour nous sur une croix. Quel bonheur, mes enfants, d'aimer le bon Dieu! il n'y a point de joie, point de félicité, point de paix dans le cœur de ceux qui n'aiment pas le bon Dieu sur la terre; nous désirons le ciel, nous y aspirons; mais, pour y parvenir sûrement, commençons à aimer le bon

Dieu ici-bas, afin de pouvoir l'aimer, le posséder éternellement dans son saint paradis.....

Mais de tous ces catéchismes les plus sublimes étaient ceux qui avaient pour objet la description du paradis et du bonheur surnaturel qui est réservé aux élus. Là le bon Curé était dans sa sphère. Il décrivait ce qu'il voyait et goûtait par avance ; car, quoiqu'il fût encore à la terre par les souffrances qu'il guérissait, par les intérêts auxquels il se trouvait mêlé comme directeur et comme conseil, son regard était céleste, il avait déjà un pied dans la vie future. Voici ce qu'il répétait toujours avec variété et surabondance :

Mes enfants, nous ne pourrons jamais avoir une juste idée du ciel que lorsque nous y serons : c'est un trésor caché, c'est une abondance de douceurs secrètes, c'est une plénitude de joie qu'on ne peut sentir, mais que notre pauvre langue ne peut expliquer. Que peut-on imaginer de plus grand ? le bon Dieu lui-même sera notre récompense : *Ero merces tua magnanimis.* Mon Dieu, le bonheur que vous nous promettez est tel, que les yeux de l'homme ne peuvent le voir, ses oreilles l'entendre, et son cœur le concevoir.

Représentons-nous, mes enfants, un jour éternel et toujours nouveau, un jour toujours serein, toujours calme, la société la plus délicieuse, la plus parfaite. Quelle joie, quel bonheur si nous pouvions posséder sur la terre, pendant quelques minutes seulement, les anges,

la sainte Vierge, Jésus-Christ! Dans le ciel ce ne sera pas seulement la sainte Vierge, Jésus-Christ, que l'on verra éternellement : ce sera le bon Dieu lui-même! nous ne le verrons plus à travers les ténèbres de la foi, mais à la clarté du jour, dans toute sa majesté. . . . .
. . . .
. . . .
. . . .

Quel bonheur de voir ainsi le bon Dieu! les anges le contemplent, depuis le commencement du monde, et ils ne s'en rassasient pas; ce serait pour eux le plus grand malheur que d'en être privés un seul instant. La possession du ciel seul, mes enfants, ne peut jamais causer du dégoût; on possède le bon Dieu, l'auteur de toutes les perfections. Voyez : plus on possède le bon Dieu, plus il plaît; plus on le connaît, plus sa connaissance a de charmes et d'attraits. On le verra toujours, et on désirera toujours le voir; on goûtera toujours le plaisir qu'il y a de jouir du bon Dieu, et on n'en sera jamais rassasié.

Après avoir parlé comme chrétien, M. Vianey ajoutait en philosophe, qu'on ne se lassera jamais du bonheur des cieux, parce que sans cesse il y aura du nouveau dans la possession du souverain Être, une perfection de connaissance plus intime; en un mot, un progrès indéfini et incessant dans la vue de Dieu. Où trouvera-t-on dans nos orateurs sacrés des passages plus sublimes et plus élevés?

On a beaucoup parlé de l'ignorance de M. Vianey et de ses minces talents. Il est certain que la nature ne l'avait pas heureusement doué ; mais la grâce avait tout refait en lui, et on sait comment elle travaille quand on ne lui apporte pas d'obstacles.

Le Curé d'Ars avait une sorte d'érudition ; c'était l'érudition du paradis. Dans les premiers temps de son ministère, quand les pécheurs lui laissaient encore assez de loisirs, il vivait dans la retraite et dans la compagnie des saints. Ribadeneira, Surius, les Bollandistes lui offraient des lectures délicieuses à son gré, et comme il avait une mémoire prodigieuse, il avait retenu de ces commerces un grand nombre de belles histoires dont il illustrait ses discours.

Si précieuses que fussent ces connaissances humaines, les lumières divines étaient surtout celles qui éclairaient son âme. Elle en était comme inondée. Toutes les douleurs qui venaient s'épancher dans son confessionnal, les faiblesses qui demandaient du courage, les inquiétudes qui cherchaient la paix, trouvaient le langage qui convenait à chacune d'elles, la parole qui portait dans les cœurs la lumière, la consolation et la force. L'admirable Confesseur changeait de ton, on le conçoit, selon le besoin des âmes. La merveille était que ses avis s'adaptassent aussi bien aux plus intimes faiblesses de ceux qui s'adressaient à lui et qu'il voyait pour la première fois. Un jour, deux femmes en deuil se rencontrèrent à Ars, deux mères qui avaient l'une et l'autre enseveli toutes leurs espérances d'ici-bas. Elles ne s'étaient jamais vues, mais les grandes infortunes se comprennent. Au premier coup d'œil ces deux femmes se connurent, se tendirent la main, s'embrassèrent et pleurèrent ensemble. Avant d'avoir vu le saint Curé, elles avaient ainsi déjà trouvé l'une et l'autre, sinon un adoucissement, du moins un encouragement dans leurs peines. Une de ces deux affligées était une vraie chrétienne, sa vie s'était passée dans la pratique assidue des vertus, des prières et des bonnes œuvres. C'était au pied des autels, où se passait la plus grande partie de ses jours, qu'elle avait été frappée coup sur coup et avec une persévérance extraordinaire. Elle avait vu mourir tour à tour ses trois fils : et au dépouillement où elle se trouvait désormais et à son immense douleur, se joignait le chagrin de toute une famille dont le nom illustre allait s'éteindre.

L'autre malheureuse était de ces créatures frivoles qui laissent sommeiller la foi qu'elles ont reçue au baptême et qu'une éducation chrétienne a nourrie quelque temps dans le cœur. Elle courait aux plaisirs, et au milieu des délices du monde, des honneurs de la terre, des sourires et des fêtes, elle avait été frappée dans ses affections et avait vu mourir son fils unique. Celle-ci fut la première introduite auprès du bon Curé : il écouta ses gémissements et gémit lui-même; il pleura, lui parla un langage tendre et compatissant, et la faisant mettre à genoux, il s'agenouilla et pria avec elle. Un père n'aurait pas eu pour sa fille de recherche plus affectueuse ni plus caressante.

Auprès de la chrétienne, au contraire, le sage directeur fut sinon sévère, au moins austère et ferme. Il ne lui reprocha pas ses larmes, mais il la mit en garde contre l'excès de sa douleur : et comme elle avait pour ceux qu'elle pleurait des assurances de salut, il la réprimanda de cette affection naturelle, égoïste et rabaissée, qui lui faisait envisager avec regret le bonheur de ses enfants. Il replaça ce pauvre cœur, un instant étonné et renversé, dans les hautes et sublimes régions de la foi, présentant à son courage les amertumes fortifiantes de la croix, comme il avait dispensé à l'autre malheureuse enfant le lait et le miel destinés aux petits enfants.

M. Vianey avait des délicatesses inouies envers les pénitents endurcis, ou ceux qui avaient besoin de consolations spéciales. Il savait les distinguer dans la foule et les appelait à lui. Nous aurions à faire beaucoup de citations, d'après les documents déjà publiés ; nous n'en ferons qu'une, encore inédite, et dont nous avons la connaissance personnelle.

Un avocat à la Cour impériale de Lyon, dont nous taisons le nom, s'était rendu à Ars attiré par la réputation de son pasteur. Comme il y avait beaucoup de monde, il ne put lui parler pendant 48 heures ; il allait repartir sans l'avoir vu en particulier, et il était mêlé dans le chœur avec plusieurs pèlerins. M. Vianey sortait alors du confessional des femmes ; il s'agenouille au pied du Maître-Autel, jette un regard pénétrant sur notre personnage, et, s'avançant aussitôt vers lui, il lui tend la main, et, quoiqu'il ne l'eût jamais vu, il lui dit : « Mon cher avocat, je vous attendais, venez. »

Le prenant avec lui le bon Curé l'entraîne dans la sacristie où ils restent enfermés pendant une demi-heure. Il ne nous est pas permis de révéler ce qui s'est passé entre eux ; toutefois nous pouvons dire, sans violer le secret de la confession, que le pèlerin s'est retiré enchanté du prêtre, consolé de ses chagrins, et raffermi dans sa foi.

Nous avons rapporté cet exemple entre mille de la singulière perspicacité de M. Vianey, mais nous affirmons à nos lecteurs que ces faits remarquables se sont reproduits bien souvent.

Le Christ interrogé un jour par les docteurs de la loi sur les prescriptions de la morale, leur répondit : « Vous aimerez le Seigneur votre » Dieu par dessus toutes choses, et votre pro- » chain comme vous-même par amour de Dieu. » Voilà toute la loi, et les prophètes. » Il résulte de ce texte sublime que tout se réduit en définitive pour l'homme dans l'amour envers Dieu, et envers le prochain, de là deux vertus essentielles la piété et la charité. M. Vianey poussa, ainsi que tous les grands Saints, à un extrême point ces deux vertus mères de toutes les autres. A l'exemple de Sainte Thérèse, de

Saint Stanislas Koska, de Saint François-Régis, il aimait à répéter ces paroles des psaumes : « Qu'ai-je à désirer dans le ciel et que puis-je » aimer sur la terre, si ce n'est vous, ô mon » Dieu! » Nous avons vu, tout à l'heure, par l'analyse de ses catéchismes, que jamais ils ne présentent de traits plus brûlants, de passages plus inspirés, que lorsqu'il traitait de l'amour divin (1), c'était là sa thèse de prédilection, sur laquelle il aimait à revenir, et qu'il ne se lassait point de développer. Il disait qu'il consentirait volontiers à jouir plus tard des délices du ciel (2), à rester sur terre jusqu'au juge-

(1) Nous ne pouvons résister au désir de citer ici l'historien de Saint François-Régis pour mieux mettre en relief la grande ressemblance qui existe entre les deux personnages. Comme le Curé d'Ars Saint François-Régis faisait des catéchismes familiers, comme chez lui ils étaient surtout embrasés de l'amour divin, comme lui il avait été visité par les célèbres prédicateurs de son temps, qui avouaient avec une touchante admiration que le pauvre missionnaire, aveu qui a été renouvelé pour le pauvre Curé de campagne, savait mieux qu'eux trouver le chemin des cœurs et opérer des conversions (p. 37 et 38. *Vie de Saint François-Régis* par Daubenton).

(2) L'historien de Saint François-Régis prête également la même parole à son héros. Et ce n'est pas la seule ressemblance que présentent ces deux grands apôtres du christianisme.

ment dernier, afin de travailler plus longtemps à faire connaître et aimer Dieu. Souvent à la chaire où à l'autel, la voix lui manquait tout à coup, mais ses regards célestes et son visage radieux, pénétraient les assistants d'une émotion indicible. Celui qui a eu le bonheur d'assister une seule fois à une messe dite par le Curé d'Ars, où à un de ses ardents catéchismes, n'oubliera jamais l'impression reçue dans certains moments.

On raconte que beaucoup d'incrédules, venus pour tourner en dérision le vénérable Pasteur, ou tout au moins avec des idées préconçues contre lui, se sont retirés bouleversés et à moitié convertis, tant est grande la puissance de la sainteté, et l'influence que sa vue produisait sur les âmes les plus endurcies.

Nous avons dit précédemment quel était le zèle de M. Vianey pour le salut des âmes, quelle était son ardente charité pour ses frères, parlons de quelques autres vertus qui ont leurs racines dans les deux premières, de son humilité, de sa mortification intérieure et extérieure, et de sa pauvreté vraiment évangélique.

Son humilité, elle éclatait à tous les regards; lui seul semblait ignorer le prestige dont il était environné, et, comme le dit son Évêque dans son oraison funèbre : « Il n'était à ses » yeux qu'un pauvre pécheur. » Mille paroles qui n'étaient pas feintes, et qui partaient du cœur, ont révélé mainte fois à ceux qui ont pu les saisir, cette vertu du noble Prêtre : en prenant le Saint-Sacrement dans ses mains pour donner la bénédiction aux fidèles, il lui demandait tout bas pardon de ce qu'il était porté par un indigne serviteur. Et quel autre plus que vous, ô vénérable Vianey, eût été digne de le porter, quel autre plus que vous eût été, en quelque sorte, sans tache pour s'approcher du Dieu de sainteté, et pour élever au-dessus de la tête des assistants, l'hostie sainte et bénie qui renferme le corps et le sang de notre Sauveur. Scrupules pieux et mémorables qui devraient nous faire rougir de notre confiance et de notre sécurité. Un mot charmant a été dit par M. Vianey à M. H. V..., avocat au Puy. Comme le Pasteur accourait auprès d'un malade, et qu'il devait monter un escalier étroit, le jeune homme voulut lui prendre la main pour le soutenir. Et lui, avec un sourire que je n'oublierai jamais : « Vous me tendez la main, est-ce pour » monter au ciel ? je la saisirais alors avec em-

» pressement. » — « Oh ! M. le Curé, lui fut-
» il répondu, si c'était pour monter au ciel, je
» vous laisserais passer le premier et je m'ac-
» crocherais à votre robe. »

J'ai visité, en compagnie de l'un des frères Instituteurs, la chambre que, pendant 40 ans, M. le Curé a habitée. Cette pièce n'est pas même modestement meublée, elle est dans le dénument le plus absolu. A droite, en entrant, on y remarque deux cadres d'une bibliothèque avec leurs rayons en bois presque vermoulu, quelques volumes dont la vétusté de la reliure démontrent l'antiquité. En face, est placé le lit de M. le Curé, en bois vernis ; la couche se compose d'une paillasse, d'une couverture et d'une paire de draps. On remarque aussi quelques vieux meubles sans valeur. Des dessins religieux, encadrés, font l'ornement des murs de cette chambre que, depuis sa mort, de nombreux pèlerins visitent chaque jour. On raconte qu'une femme âgée, d'Écully, accompagna M. le Curé, lorsqu'il vint fixer sa résidence à Ars, pour faire sa cuisine ; mais, comme il ne mangeait qu'un peu de lait et de pommes de terre cuites à l'eau, l'emploi de cette femme n'étant qu'une sinécure, elle se vit obligée de retourner dans son pays, en chargeant une voisine de préparer les modestes repas de son vertueux Maître.

En été, M. Vianey arrivait à l'Église à une heure du matin ; après avoir fait la prière, il entrait au confessionnal jusqu'à cinq heur du matin ; il sortait du confessionnal des femmes pour se rendre à celui des hommes, qu se trouve dans la nouvelle sacristie ; à six heures et demie il disait la messe ; à sept heures il bénissait les chapelets, les médailles qu'on lui présentait et apposait sa signature sur les images et sur les livres. Après la bénédiction de ces objets, il se rendait à la cure pour prendre son déjeuner qui se composait d'un demi-litre de lait bouilli et de deux onces de pain. Ensuite il rentrait au confessionnal des hommes jusqu'à onze heures. A onze heures, il faisait son catéchisme, à onze heures et demie il visitait ses malades. Son diner se composait comme son déjeuner, d'un peu de lait et de pain ; il n'a fait usage de vin et de viande que depuis quelques années. A une heure après midi il allait chez les Missionnaires pour recevoir les lettres qu'on lui adressait. Dans le trajet de la cure à la maison des Missionnaires, il était suivi d'un nombre considérable de personnes qui se pressaient autour de lui pour lui parler; il leur distribuait des médailles jusqu'à l'Église. Il en est qui lui coupaient ses cheveux, sa soutane pour en faire des reliques. En sortant du confessionnal des femmes, il se rendait à celui des hommes, où il demeurait jusqu'à sept heures et demie; il faisait ensuite la prière du soir et rentrait à la cure pour se reposer.

Ne pouvons nous pas nous écrier ici comme déjà nous l'avons fait dans le cours de ce travail : Quelle vie ! toute d'abnégation, de dévouement, de charité inépuisable ! M. Vianey disait un jour : « S'il n'y avait pas de paradis, » je serais volé. » Non pas que les récompenses éternelles fussent l'unique mobile de sa belle conduite, car nul n'a montré autant de désintéressement. Non pas qu'il faille voir dans ce mot l'expression du moindre doute, car il est permis de croire que, très souvent, le digne Prêtre avait entrevu, dans ses contemplations extatiques, les joies du ciel, qu'il avait entendu le chœur des anges et des bienheureux chantant les louanges du Dieu trois fois Saint. Il ne faut voir, dans ces paroles, qu'une fine raillerie à l'adresse des impies et des incrédules. En effet, s'il n'y avait pas une autre vie de bonheur, d'expiations, et de châtiments, l'accomplissement du devoir serait sans aucune sanction, Dieu ne serait plus Dieu, il serait injuste ou impuissant. Et nous tirons, surtout, de l'admirable vie du Curé d'Ars qui doit infailliblement obtenir sa récompense, une nouvelle preuve de notre immortalité et des vérités augustes de la religion. En présence de cette vie si monotone en apparence et pourtant si variée par la foule toujours croissante des pèlerins venus pour des besoins divers de tant de points de la France et de l'étranger et qui s'en retournaient les uns pleinement satisfaits, les autres au moins consolés, en présence de ces jours passés à faire le bien, employés exclusivement à ramener la santé dans les corps et la foi dans les âmes, en présence de ce tombeau si nouvellement ouvert et cependant déjà vénéré, en présence de ce concours inusité de personnes de tout rang, autour des restes d'un pauvre Curé de campagne, quel est l'homme qui pourrait douter encore, qui ne sentirait pas ses incertitudes ébranlées et détruites, quel impie, ou quel athée, oserait soutenir qu'après la mort il n'y a plus rien ? Il faudrait que la chrétienté eût de nos jours plus d'un de ces spectacles pour les méditer et en tirer de salutaires enseignements.

Quelle leçon et quel exemple en effet pour des chrétiens, que sa mort et ses funérailles ! Nous avons déjà exprimé qu'il était mort presque en confessant (1), ou tout au moins qu'il était sorti du Tribunal de la pénitence et qu'il n'y était pas rentré à cause de l'épuisement et du mal dernier qui le terrassait. Lorsqu'on apprit cette nouvelle, ce fut une consternation ; on espérait toutefois toujours qu'il en serait de lui, comme il y a dix-huit ans, où il avait été ressuscité en quelque sorte de plus bas encore; pour ce saint Curé dont l'existence était un miracle continuel, on comptait sur un nouveau miracle. Il en a été autrement, Dieu qui pensait que M. Vianey avait assez fait pour la gloire, a recueilli dans son sein cette âme privilégiée. Peut-être a-t-il trouvé dans ses décrets, toujours admirables, que sa mort et son tombeau

---

(1) Comme Saint François-Régis qui fut surpris par un évanouissement dans son confessionnal. (Voyez Daubenton l'historien pieux de sa vie).

serviraient autant que sa vie à l'édification et à la conversion des pécheurs. Il est mort le 4 août 1859 à 2 heures du matin. Au simple bruit de sa maladie et plus tard de sa mort, des milliers de pèlerins étaient accourus. On pourrait dire que de dignes funérailles lui ont été faites, si quelque chose pouvait être digne sur cette terre pour un homme, selon le cœur de Dieu, tel que le regrettable M. Vianey. Voici comment les journaux rendaient compte de l'empressement inusité de la foule, autour de ce cercueil vénéré.

Samedi 6, à dix heures du matin, ont eu lieu les funérailles du vénérable Curé d'Ars. Cinq à six cents pèlerins, arrivés dès la veille, avaient passé une véritable nuit de bivac autour de l'Église, sur la place qui l'entoure et dans les rues adjacentes.

Dès l'aube du jour et pendant toute la matinée, cette foule s'était incessamment accrue; toutes les routes qui conduisent à Ars étaient littéralement encombrées d'omnibus, de voitures particulières, de petits chars et d'un nombre considérable de piétons qui n'avaient pu trouver place sur aucun véhicule.

Au moment de la cérémonie, plus de six mille personnes étaient réunies, inondant la place, les avenues de l'Église, toutes les rues du village. Les abords présentaient l'aspect d'un vaste bivac où se trouvaient çà et là attachés à des arbres, et fixés par tous les moyens imaginables, des chevaux avec leurs voitures, leurs chars, leurs véhicules de toute sorte autour desquels les nombreux pèlerins, puisaient dans leurs paniers leurs provisions pour un modeste repas que le village eût été insuffisant à donner à tous.

Aucune expression ne saurait dire ce qu'il y avait de pittoresque, d'imposant, de saisissant même dans le simple spectacle de cette foule immense réunie dans ce magnifique paysage éclairé par un soleil splendide, et palpitant des mêmes sentiments et des mêmes émotions.

Et quand on a vu défiler un long cortége de 300 prêtres, accourus, malgré les obstacles du samedi, pour accompagner celui qui était la gloire du clergé, toute cette foule a pris une attitude plus attentive et plus religieuse encore, et on se disait les larmes aux yeux : Quel prince a donc eu de pareilles funérailles ?

Deux religieux dominicains ouvraient la marche ; venaient ensuite les membres du clergé qui n'avaient pu prendre l'habit de chœur, puis la partie plus nombreuse qui portait le surplis, suivie de Mgr l'Évêque de Belley, revêtu de l'étole ; et enfin, porté par des prêtres qui se disputaient l'honneur de ce fardeau, le cercueil du saint Curé, sur lequel on avait placé son surplis, son étole, son camail, la croix de la Légion-d'Honneur, une immense couronne d'immortelles jaunes, avec cette modeste inscription : *A notre père*. Une couronne blanche plus petite et un bouquet blanc complétaient la décoration si simple du cercueil de celui que dès longtemps, et en ce jour plus que jamais, le peuple appelait le saint Prêtre. Le cortége a décrit ainsi un assez long parcours autour du village, partout accueilli par les marques de respect et de vénération, souvent par des soupirs et par des larmes. C'était surtout lorsque le cercueil approchait que ces sentiments se manifestaient avec plus d'expansion ; on s'avançait, on se pressait, tous voulaient voir de près un dépôt si cher.

Les bras des prêtres qui soutenaient le lourd cercueil de plomb avaient encore à porter le choc de la foule qui se précipitait pour toucher de la main ce cercueil vénéré, ou pour en approcher quelques objets pieux, des médailles, des chapelets, des livres de prières, etc.

Après un discours prononcé sur la place par Mgr de Langalerie, le cortège est entré dans l'Église, où le clergé presque seul a pu trouver place. Une grand'messe a été chantée par M. Guillemin, et l'absoute faite par Mgr l'Évêque.

Le cercueil était placé dans le chœur; une vitre scellée dans le plomb laissant voir la tête du respectable Curé. Pendant toute la cérémonie, le cercueil a été entouré de prêtres et de quelques pieux fidèles, qui n'ont cessé de lui faire toucher des objets de dévotion, des chapelets, des médailles, des images, des bréviaires, comme s'ils avaient voulu faire passer dans ces objets, et surtout les livres de prières, les ardeurs séraphiques du saint Curé.

Après l'absoute, le cercueil a été placé dans la chapelle de son confessionnal, où il est resté, pendant quelques jours, exposé à la vénération des fidèles!

Nous regrettons que les bornes de ce livre nous imposent la nécessité de ne donner que par extraits à nos lecteurs le discours prononcé par Mgr l'Évêque de Belley sur la tombe de M. Vianey. Le voici :

Faites silence, mes Frères! Écoutez bien, pieux Fidèles, que le respect, l'affection et la douleur ont amené si nombreux à cette touchante, à cette imposante cérémonie, je vais la répéter cette parole de Notre Seigneur dans le saint Évangile: dites, en est-il un seul parmi vous qui ne croie l'entendre sortir de la bouche de Dieu lui-même, au moment où la belle âme de notre saint Curé s'est détachée de ce corps usé si longtemps au service du divin Maître : *Euge, serve bone et fidelis, intra in gaudium Domini tui* (1) ; « Courage, bon et fidèle serviteur, entrez dans la joie de votre Seigneur et de votre Dieu. »

A ce moment l'illustre Évêque s'arrêta, ses yeux étaient baignés de larmes ; il les porta vivement en haut. On aurait dit que le saint Curé lui apparaissait et conversait avec lui, merveilleux entretien de la terre et du ciel ! L'orateur poursuivit :

Euge ! « Courage ! » Déjà ce premier mot, ce seul mot nous relève : « Courage, bon et fidèle serviteur ! » Jean-Baptiste-Marie Vianey, notre saint Curé d'Ars, est un serviteur de Dieu qui a compté soixante-quatorze ans de bons et loyaux services ; sa vie tout entière a été la durée de ses saints engagements ; tout enfant, tout petit enfant, il servit Dieu ; jeune homme, il servit Dieu ; étudiant ecclésiastique, il servit Dieu ; les refus ne le découragèrent pas dans ses projets de servir Dieu d'une manière plus absolue et plus fructueuse en embrassant la carrière sacerdotale ; il ne voulait être prêtre, bien sûr, que pour servir Dieu. Il l'a bien prouvé ! Prêtre, vicaire, curé, il servit Dieu toujours. Ce service, vous le savez tous, a fini par remplir tellement sa vie, que les actions indifférentes dont nous faisons, nous, la consécration au service de Dieu en les lui offrant et les rapportant ainsi indirectement à sa gloire, avaient comme disparu de la vie du saint

(1) Évangile selon saint Mathieu, XXV, 21.

Pasteur; il ne mangeait pas, il ne dormait pas; cette locution familière avait presque sa réalisation pour le Curé d'Ars; trois ou quatre onces de nourriture par jour, une heure, deux heures de sommeil lui suffisaient. Et le reste du temps, et sa journée, qu'en faisait-il? Toute entière au service de Dieu, dans le service des âmes; quatorze, seize, dix-huit heures de confessionnal, suivant les jours; exercice de la confession interrompu par ce catéchisme qui était une si éloquente prédication; même lorsqu'on ne l'entendait pas, lorsqu'on ne le comprenait pas, sa vue en chaire, sa vue toute seule prêchait, touchait, convertissait. Et le reste du temps que faisait-il encore? Des rapports fréquents avec ses paroissiens bien-aimés, la visite des malades, la prière et de longues prières, les pieuses lectures,... en un mot, le jour tout entier se passait dans des actes employés directement à la gloire et au service de Dieu, et ce jour tout entier à Dieu recommençait, recommençait sans cesse, et le dimanche et la semaine, et le jour et la nuit, sans trêve ni vacance.

Euge, serve bone et fidelis, quia in parva fuisti fidelis. « Courage, bon et fidèle serviteur, vous avez été fidèle en de petites choses. » O mon Dieu, vous me permettez bien cette parole; ce n'est pas en de petites choses que le Curé d'Ars fut serviteur fidèle et dévoué; il faut le dire à votre gloire, ô mon Dieu, car cette vie a été une merveille de votre puissance et de votre amour; pour vous, oui sans doute, tout cela est peu de chose, très peu de chose, infiniment peu de chose; mais pour nous, hommes, pour nous, faibles mortels, cette vie du Curé d'Ars est une merveille, une éclatante merveille et, on peut le dire, un continuel miracle. Combien y a-t-il d'années, combien y a-t-il de siècles, peut-être, qu'on ne vit pas une existence sacerdotale, dans des conditions semblables, aussi fructueusement, aussi saintement, aussi continuellement occupée, employée, dépensée au service de Dieu?

Ce pauvre Curé de campagne, quoique attirant à lui chaque semaine des milliers de pèlerins, était simple comme un petit enfant; vous l'avez vu, vous tous ici présents; vous l'avez entendu? N'est-ce pas la vérité, la plus exacte vérité? Ces témoignages les plus variés et les plus multipliés du respect et de l'admiration, ne semblaient en rien l'émouvoir; il bénissait la foule comme s'il eût reçu lui-même la bénédiction de plus haut que lui; il voyait son image reproduite partout et de toutes les manières, comme celle du patron, du saint de l'endroit, et il disait souvent, à cette occasion, un mot trivial et vulgaire, que sa simplicité rendait sublime (1).

2° *Euge, serve bone*, etc. « Courage, bon et fidèle serviteur, entrez dans la joie de votre maître. » L'espérance que fait naître cette parole appliquée au saint Curé d'Ars, est déjà par elle-même une consolation dans les tristes et solennelles circonstances qui nous rassemblent; toutefois, par une étude nouvelle et attentive du sens de ces paroles sacrées, nous trouverons une consolation plus abondante et plus directe pour adoucir la rigueur du sacrifice que Dieu nous impose. Hélas! ce sacrifice est bien grand! Nous avons perdu, nous avons tous perdu beaucoup; on ne remplace pas le Curé d'Ars! Dieu lui-même, dans l'intérêt de sa gloire, ne veut pas multiplier ces prodiges de grâces et de sainteté. La France entière a perdu un prêtre qui faisait son honneur et que l'on venait visiter et consulter de toutes ses provinces. Les pauvres pécheurs? Ah! qu'ils ont perdu en

---

(1) « Mon carnaval, » disait-il souvent en voyant son portrait.

perdant le Curé d'Ars! Il avait je ne sais quelles paroles entrecoupées de sanglots et mêlées de larmes auxquelles il était comme impossible de résister. Notre diocèse a perdu beaucoup; le Curé d'Ars était sa gloire, il était aussi sa Providence; il avait commencé à fonder l'œuvre des Missions qui lui était si chère; plus de quatre-vingt-dix paroisses lui devront le bienfait perpétuel d'une mission tous les dix ans. Combien d'autres œuvres n'a-t-il pas encouragées, bénies, aidées?

Oui, tous, je le répète, nous avons bien perdu; mais ces paroles, *Euge, intra in gaudium*. « Courage, entrez dans la joie » doivent arrêter sinon les larmes que nous versons, au moins nos plaintes, nos murmures, ou même de trop vifs regrets. « Courage, serviteur, entrez dans la joie de votre Maître, » c'est-à-dire, bon et fidèle serviteur, votre journée est finie; vous avez assez fait, assez travaillé; venez, voici votre récompense et le prix de vos labeurs; et telle est la pensée qui s'empara de notre esprit lorsque, après avoir béni le saint malade, prié avec lui et pour lui, nous fûmes comme porté par le flot des fidèles en larmes jusqu'au pied de l'autel; là, nous assistâmes aux prières publiques; là, nous entendîmes un de ses fils bien-aimés, un de nos Missionnaires qui restaient avec lui, demander un miracle pour le retour de ce Père vénéré à la vie et à la santé; et comme, malgré nous, nous ne pouvions nous associer à cette prière, nous nous contentâmes de nous abandonner et de nous unir à la volonté de Dieu. Eh quoi! disions-nous, il a tant travaillé! Il dirait, sans doute, comme saint Martin à ses disciples en pleurs : *Non recuso laborem*. « je ne refuse pas de travailler encore! » Lui, si bon, en voyant nos larmes, il eût consenti à vivre; mais nous, vraiment, pouvons-nous bien le demander? Il est fatigué, épuisé, il semblait ne se soutenir que par un miracle; Dieu ne nous l'a-t-il pas assez longtemps laissé? Nous avons besoin de lui, mais lui, il a besoin de repos, il a droit à la récompense : qu'il entre donc, qu'il entre enfin dans les joies de son Dieu : *Intra in gaudium Domini tui.* Et d'ailleurs, serait-il tellement perdu dans les joies du ciel, qu'il ne puisse encore penser à nous, prier pour nous et nous servir? Le ciel est si près de la terre, puisque c'est Dieu qui les unit! Courage ! courage ! dans le sein de Dieu où il repose, le Curé d'Ars n'est pas tout entier perdu pour nous. Et voilà qu'un avertissement salutaire sorti de cette tombe et des paroles que nous voudrions y graver, viendra, comme un premier bienfait, nous rappeler à tous, que le saint Curé d'Ars peut faire encore du bien à nos âmes.

Pour vous, cher et vénéré Curé, la tentation est finie, plus de crainte; nous en avons la confiance, vous êtes entré désormais dans la joie, le repos et la paix : *Intra in gaudium Domini tui.*

Vous y avez été introduit par cette Mère de miséricorde que vous aimiez tant et dont vous portiez le nom ; vous y avez été introduit par Jean-Baptiste, votre patron, ce saint si humble et si grand ; par sainte Philomène, votre patronne d'adoption, qui semblait revivre en vous et cacher son nom sous le vôtre, comme vous cachiez votre nom sous le sien.

Ah ! de ce séjour de la gloire et du bonheur, veillez encore, veillez toujours sur nous. Char et guide d'Israël, laissez-nous votre double esprit de dévouement au service de Dieu et de crainte tempérée, dominée par la confiance et l'amour.

Laissez-le à cette Communauté de Missionnaires qui se fait gloire des sentiments paternels que vous lui portiez.

Laissez-le à vos chers, à vos bien-aimés paroissiens d'Ars, qui ne se consoleront de vous avoir perdu qu'en pensant à vous, qu'en vous aimant chaque jour davantage.

Laissez-le au Clergé de ce diocèse si saintement fier de vous compter parmi ses membres.

Laissez-le à l'Évêque si triste et si heureux en ce moment de parler de vous, et sachez bien que le jour le plus beau, le plus désiré de son épiscopat serait celui où la voix infaillible de l'Église lui permettrait d'acclamer solennellement et de chanter en votre honneur : *Euge, serve bone et fidelis, intra in gaudium Domini tui. Amen.*

C'était la première oraison funèbre qui était prononcée sur la dépouille mortelle du vénérable Curé d'Ars, par l'Évêque même de son diocèse. La seconde devait l'être par Mgr. Chalandon, Archevêque d'Aix, ami du saint Prêtre, et qui avait été, pendant quelque temps, évêque de Belley, et supérieur ecclésiastique de M. Vianey. C'est le 14 septembre, au service de quarantaine, que cette nouvelle allocution, dont nous allons donner une analyse d'après les journaux, a été écoutée par la foule toujours croissante des fidèles.

Mgr Chalandon, pendant qu'il était évêque de Belley, se hâta de nommer M. le Curé d'Ars, chanoine honoraire de la cathédrale de Belley; mais le nouveau chanoine, après avoir refusé de toutes ses forces le camail, écrivit qu'il l'avait vendu pour fonder des missions, son œuvre de prédilection (on en compte plus de cent de sa création dans le diocèse). Une lettre, si originale d'humilité et de désintéressement, passa des mains de l'Évêque à celles du Ministre, et les faveurs du pouvoir ecclésiastique furent suivies de celles du pouvoir civil. Sur un rapport de la police qui constatait que trente mille pèlerins, par an, se rendaient à Ars, le chanoine réfractaire fut nommé chevalier de la Légion-d'Honneur, mais il ne porta pas plus la croix que le camail, et il fallut décorer son cercueil par un emprunt.

Le 14 septembre 1859, Mgr Chalandon chanta lui-même le grand'messe à Ars, devant un concours prodigieux de pèlerins; puis il monta en chaire et prononça d'une voix émue le panégyrique du Curé d'Ars.

L'oraison funèbre avait pour but de faire ressortir et de démontrer les principales difficultés contre lesquelles eut à lutter la constance de M. le Curé d'Ars, et dont il vint à bout à force d'humilité et de persévérance, par la prière, la pénitence et une confiance inaltérable en Dieu.

Les limites resserrées de la petite paroisse d'Ars, d'un si étroit théâtre, n'étaient-elles pas aussi un obstacle à un si grand zèle qu'elles semblaient devoir étouffer? Mais bientôt cette paroisse, inconnue dans le département, devint célèbre dans le monde entier, et on peut lui appliquer l'éloge que l'écriture donnait à Bethléem ! Bethléem, tu es une petite ville, mais de toi sortira le salut d'Israël. Ars, tu es une petite commune, mais ta réputation a effacé celle des plus grandes cités. Auprès de ton saint Curé sont venus, et auprès de son tombeau viendront de toutes parts, les pécheurs pour se convertir, les affligés pour être consolés, les malades pour être guéris.

Les obstacles que M. le Curé d'Ars trouvait à convertir les pécheurs ne faisaient qu'accroître son zèle, et il triomphait des plus obstinés.

Une si grande réputation n'avait pu altérer son humilité, lorsqu'il se passait autour de lui quelqués-uns de ces faits merveilleux qu'il est défendu de qualifier avant le jugement de l'Église, mais que l'opinion publique attribuait à ses puissantes prières, il répondait que tout se faisait par l'intercession de sainte Philomène. On ne pouvait le louer de son vivant, en sa présence, mais devant son tombeau les peuples ont exalté sa sublime humilité par des cris d'admiration, par un concours inouï.

Dieu voit des taches dans le soleil et dans les vertus des anges. Cependant ne sommes-nous pas plus tentés de le prier que de prier pour lui? Oui, nous pouvons croire avec monseigneur de Langalerie que Dieu lui avait dit à sa mort : Venez, bon et fidèle serviteur, entrez dans la joie de Notre Seigneur, et aujourd'hui, en entrant dans cette Église, ne nous sommes-nous pas sentis pénétrés d'un double respect comme dans un lieu doublement saint? Une vertu sortait de J.-C. ; ne peut-on pas dire qu'une vertu sortait aussi de M. le Curé d'Ars, de son vivant, et sort aujourd'hui de son tombeau ?

O Curé d'Ars ! faites sentir votre puissante influence à tous ceux qui vous prient.

O Curé d'Ars ! protégez votre paroisse ; qu'elle conserve toujours les fruits de votre zèle. Écoutez la prière de votre ancien Évêque pour votre ancienne paroisse, animez de votre esprit votre successeur, afin qu'il continue vos œuvres, les missionnaires, vos enfants de prédilection, afin qu'ils portent la parole évangélique dans le diocèse et au-delà ; qu'ils fassent fructifier les missions que vous avez fondées. Priez pour le clergé, pour vos confrères, pour que chaque prêtre sanctifie sa paroisse comme vous avez sanctifié la vôtre ; priez pour les malades et les pécheurs qui viendront vous demander, les uns la santé, les autres la conversion. Priez pour l'Archevêque et l'archevêché d'Aix.

Cependant on ne doit pas seulement prier les saints, mais encore les imiter pour les rejoindre au ciel ; imitons M. le Curé d'Ars dans son détachement des biens de ce monde, dans son esprit de pénitence et son amour de Dieu.

Tel est le pâle résumé de l'allocution que la foule a recueillie avec une vive sympathie, le 14 septembre dans cette petite Église d'Ars, pleine des souvenirs vivants et parlants du saint Curé.

M. Vianey a été inhumé au milieu de l'église d'Ars. Son tombeau est d'une austère simplicité : il consiste en un marbre noir entouré d'une grille en fonte. Dans la partie supérieure, au milieu d'un ovale creusé dans le marbre, on lit cette inscription : Jean-Bapste-Marie Vianey, curé d'Ars. A l'extrémité de cette pierre tumulaire, six chandeliers surmontés de cierges, entretenus par le soin et la piété des fidèles, brûlent continuellement. Des pèlerins sont constamment agenouillés à l'entour de ce marbre sur lequel ils apposent respectueusement leurs lèvres.

Des débats qui ne semblaient pas de notre temps et qui rappellent ceux qui suivirent la mort d'un des plus grands saints de la France, de notre admirable et bien-aimé saint Martin, eurent lieu aussi autour du bon Curé. Il était né à Dardilly, au diocèse de Lyon. L'affaiblissement de la foi dans nos contrées et dans notre siècle n'empêchait pas les gens de cette paroisse de jeter des regards de convoitise sur le trésor possédé à Ars, et ils songèrent au moyen de s'en assurer quelque chose. On alla trouver le curé, on le supplia de faire un testament. Il n'avait rien ; on savait qu'il n'avait pas amassé d'argent et qu'il ne gardait rien des sommes que la piété des fidèles pouvait remettre entre ses mains. On lui demandait quelque chose de plus précieux que l'or et l'argent ; on le suppliait de rendre sa dépouille mortelle à sa paroisse natale, et de donner son corps aux gens de Dardilly. Le bon Curé ne refusa pas et fit le testament comme on le désirait. Cela se sut et l'alarme fut grande à Ars et dans tout le diocèse de Belley.

L'évêque dut intervenir. Il demanda au Curé pourquoi il voulait quitter après sa mort la paroisse où il avait tant travaillé, et quelles raisons il avait de désirer que son corps reposât à Dardilly. — Ah ! dit le Curé, pourvu que mon âme soit auprès de Dieu, l'endroit où sera mon corps m'est bien indifférent. — L'évêque alors réclama ce pauvre corps, et le Curé, bien mortifié et honteux de telles prétentions, lui promit de faire un autre testament. Plus tard, selon le désir du prélat, il le refit encore et disposa définitivement de sa depouille en faveur de la paroisse d'Ars.

Mais Dardilly ne se tint pas pour battu et multiplia les démarches. Si étrange que cela paraisse dans les mœurs du XIXe siècle, les paroissiens de ce lieu firent entre eux une souscription pour soutenir ce qu'ils appelaient leurs droits. Ils s'adressèrent aux diverses autorités ; ils voulaient quelque part de ce cadavre qu'ils regardaient déjà comme une relique, et on eut peine à leur faire entendre raison.

Pendant tout ce débat, l'inquiétude restait grande à Ars. Les imaginations s'étaient-elles trop vivement émues ? Mais on pensa que cette tombe avait besoin d'une surveillance particulière, et on craignit que les transports de la vénération n'amenassent de fâcheuses tentatives.

Il semble que de pareils faits marquent mieux que tout ce que je pourrais dire le sentiment populaire sur le curé d'Ars.

Tous ces détails sont authentiques et sont puisés dans l'article de M. Léon Aubineau, son plus récent historien.

Le zèle des pèlerins ne se ralentit pas. On ne va plus pour voir le bon prêtre et pour l'entendre, mais pour visiter sa modeste tombe ; on s'agenouille près du marbre qui recouvre ses restes, on l'implore comme intercesseur pour obtenir du ciel la santé du corps et le salut de l'âme ; on espère, et on a raison, que Dieu fera connaître par des miracles la sainteté de son serviteur.

A la distribution des prix du lycée de Bourg, le 8 août, Mgr l'Évêque de Belley, qui y présidait, a terminé son discours par ces paroles :

Mon allocution serait finie, chers jeunes gens, si je n'avais assisté avant-hier à une touchante cérémonie ; si je ne paraissais au milieu de vous tout embaumé des derniers souvenirs de notre cher et saint Curé d'Ars. Oh ! quelle mort, mais aussi quelle vie, quelles émouvantes obsèques ! Ce Prêtre, ce pauvre Curé de campagne, qui sera l'éternel honneur de notre diocèse, connaissait beaucoup mieux la science de bien faire que l'art de bien dire ; et toutefois, sa vie si pure, si admirablement dévouée donnait à sa parole un reflet, une influence, une grâce qui touchait les plus indifférents. Bon et saint Curé d'Ars ! J'en ai le cœur si plein que je ne pouvais m'en taire au milieu de vous, dans une distribution de prix. — D'ailleurs, cette assemblée si imposante, ce concours solennel, et surtout la vue de ces fragiles couronnes, me rappelle trop bien la couronne de gloire et d'immortalité qui aura été la récompense de sa sainte vie.

Voici l'article nécrologique que consacre à M. Vianey le feuilletoniste anonyme qui signe *Nemo* dans le journal *Le Nord* :

Voilà deux semaines que j'aurais dû parler de la mort d'un saint homme, et, pour ainsi dire, d'un chrétien des temps de la primitive Église que la célébrité avait déterré au fond de la modeste commune qu'il desservait.

Le Curé d'Ars, dans l'Ain, qui vient de s'éteindre à l'âge de 73 ans, n'était pas seulement populaire dans son département, qui, voyant à l'œuvre ce zèle surhumain, cette infatigable charité, l'avait canonisé de son vivant et croyait aux guérisons physiques aussi bien qu'aux conversions morales opérées par les mains de ce vénérable prêtre.

De toutes parts il venait à Ars des pèlerins, dont on évalue le nombre à 30,000 par an. Plus d'une grande dame russe ou polonaise, exaltée par la réputation du Curé d'Ars, a fait un voyage pour aller se confesser à lui. Il comptait aussi pas mal de Belges parmi ses pénitentes étrangères.

Six mille personnes ont assisté à l'enterrement de ce simple curé de village. Trois cents prêtres l'ont conduit à sa dernière demeure.

A l'époque où l'Impératrice était en couches, Napoléon III lui demanda des neuvaines, et, un peu après la naissance du Prince impérial, lui envoya la croix de la Légion-d'Honneur.

Le Curé d'Ars était un personnage surnaturel par ses vertus d'abord, et aussi, disent ses dévots, par sa puissance et ses lumières presque divines. Il a sa légende, d'après laquelle sa vie ressemble à celle des saints de l'Eglise naissante. Comme eux, il aurait eu à lutter contre des tentations sans nombre et des suggestions diaboliques. Si vous en croyez sur parole sa vieille gouvernante, elle vous racontera avoir vu une fois Satanas en personne monter devant elle l'escalier du presbytère, même que sa queue balayait les marches!

Ce qui me paraît plus incontestable, quoique presque aussi étrange, c'est que le Curé d'Ars avait fini par annihiler, en quelque sorte, la matière en lui. Il n'était plus qu'une âme et qu'un esprit. Son corps, exténué par les jeûnes, par les veilles, n'avait plus la force de sentir la fatigue et n'éprouvait plus qu'un vague souvenir de nos besoins grossiers et des appétits qui nous sont communs avec la brute. Jamais il ne mangeait de viande. Quelques fruits, un peu de lait, de petits fragments de pain composaient toute sa nourriture de chaque jour. Son sommeil, commencé à minuit, finissait à quatre heures du matin.

Il descendait alors à son confessionnal, toujours assiégé, et jusqu'à neuf heures entendait les pénitents ; puis, sans prendre de repos, il disait sa messe et faisait une instruction. Sa voix était bien faible ; mais on l'écoutait si attentivement, et il y avait tant de cœur dans son éloquence !

Malgré le ton un peu sceptique et railleur avec lequel le spirituel feuilletoniste traite la partie légendaire de la vie du Curé d'Ars, nous ne dédaignerons pas l'instruction qui en ressort. La croyance populaire accueillait comme vrais les faits suivants : Les communications fréquentes de M. Vianey avec des personnages célestes, tels que la Sainte Vierge, et Sainte Philomène. Et comme contre-partie ses combats avec des esprits sataniques; une foule de guérisons opérées par les prières du bon Pasteur (1), des conversions éclatantes et nom-

---

(1) Le fait qui paraît le plus authentique est celui d'une jeune fille impotente à laquelle le Curé d'Ars dit, par une remarquable intuition d'aller déposer ses béquilles à l'autel de Sainte Philomène, et qui s'en retourna guérie.

breuses, la multiplication extra-naturelle du blé dans sa Providence (1). Tous ces faits plus ou moins avérés prouvent une chose incontestable à nos yeux, c'est que la multitude des fidèles, en les attribuant au vénérable Curé d'Ars, avait la conviction formelle de sa Sainteté, et cette opinion de la foule devra être prise en considération par l'autorité ecclésiastique.

Le saint prêtre fit, il y a quelques années, une maladie grave, les paroissiens étaient consternés, ils craignaient qu'il ne leur fût enlevé. Il était si mal qu'on l'administra. Bientôt le bruit s'en répandit. La nouvelle qu'on allait donner les derniers sacrements au saint Curé qui depuis trente ans alors avait préparé tant de ses pieux élèves à une mort chrétienne, avait attiré dans son presbytère et autour de son lit un grand nombre de ses paroissiens qui demandaient avec larmes à

(1) Le même fait est rapporté dans des circonstances à peu près identiques par l'historien de Saint François-Régis. Et à notre tour nous dirons aux incrédules : Pourquoi pas ? J. C. n'a-t-il pas multiplié des pains, et n'a-t-il pas transmis à ses Apôtres et aux Saints de son Église le don des mêmes miracles ?

Dieu la conservation de leur pasteur. Ces larmes ardentes de toute une population furent exaucées par une apparition miraculeuse ; car au moment où le saint prêtre offrit à Dieu le sacrifice de sa vie, sainte Philomène, par l'intercession de laquelle il a obtenu tant de miraculeuses guérisons en faveur des infortunés qui s'adressaient à lui, sainte Philomène lui apparut, se rendant visible, dit-on, à tous ceux qui se trouvaient dans l'appartement du malade, et lui dit ces mots : *Votre heure n'est pas encore venue; il y a encore des travaux qui vous attendent, avant de quitter ce monde.*

Le saint Prêtre fut aussitôt guéri, et pour perpétuer le souvenir de la faveur merveilleuse dont Dieu gratifia la paroisse d'Ars et son vénérable Curé, on fit faire un tableau qui représente ce miracle, et on le plaça dans la chapelle dédiée à sainte Philomène, où il se trouve aujourd'hui. C'est là que ceux qui douteraient de ce fait, pourraient en demander la confirmation aux habitants d'Ars qui en furent témoins oculaires et qui très probablement sont encore tous de ce monde.

Voilà ce que répète la voix populaire, ce qui se trouve attesté dans plusieurs ouvrages écrits sur notre héros, et ce que nous avons dû rapporter nous-mêmes, sous le bénéfice de la déclaration contenue dans l'avant-propos. Nous répétons que, pour toute la partie miraculeuse de la vie du Curé d'Ars, nous soumettons notre jugement à ce qui sera ultérieurement décidé par l'autorité ecclésiastique.

On rapporte de M. Vianey des vues surprenantes sur la vocation des personnes qui le consultaient, ainsi que des prédictions de guérisons alors existantes, mais inconnues de ceux qui venaient lui parler pour les malades.

On rapporte de lui bien d'autres faits auxquels l'opinion publique donne un caractère miraculeux. Le Curé d'Ars, dit-on, a été manifestement secouru par le ciel dans l'érection de plusieurs de ses chapelles; il devait des sommes considérables aux ouvriers qui les avaient établies, et toujours l'argent est venu à point nommé lorsque le pasteur en avait besoin. On cite de lui des prédictions qui se sont réalisées, notamment sur la fin de la guerre d'Italie, et sur la paix que la sagesse de l'Empereur allait signer.

Il y en a de bien plus étonnantes encore

faites aux divers pèlerins qui se confessaient à lui.

Mon père, homme respectable s'il en fut jamais, qui avait passé une existence exemplaire, toute d'abnégation, de travail et de dévouement, alla sur la fin de ses jours trouver le Curé d'Ars. Après avoir fait une confession générale, dans laquelle éclatait la pureté de sa vie, il eut le bonheur de voir M. Vianey lui prendre les mains, les serrer affectueusement, et de l'entendre lui donner rendez-vous dans les cieux. Mon père est mort le 2 août 1859, à 2 heures du matin, précisément deux jours, heure pour heure, avant le Curé d'Ars. Une particularité fut remarquée à son lit funèbre. Mon très honorable père changea de figure en quelque sorte dans la mort, il offrit une ressemblance frappante avec le bon Pasteur, et cette circonstance fut notée par tous les amis qui le visitèrent après son décès. Moi-même je fus impressionné de ce fait, et me rappelant les paroles que m'avait répétées mon père et qu'il tenait de M. Vianey, je conjecturai que la mort du saint Curé était prochaine, et que mon père devait le précéder peu de temps dans le ciel.

Une parole bien consolante m'a été dite par

le vénérable Curé d'Ars, il m'a assuré qu'un jour je serais avec lui dans le paradis, bien que je sois le plus humble des pécheurs (1). Souvenez-vous de cette promesse, ô bon Pasteur, et lorsque, selon la volonté de Dieu, je quitterai cette existence misérable, et ce corps de fange, lorsqu'en un mot, je m'en irai de cette mort terrestre vers l'immortelle vie, daignez me venir au devant dans ce passage si terrible pour l'infidèle, et si désiré du chrétien ; puissiez-vous, malgré mon indignité, me servir d'introducteur auprès de notre Père céleste !

Je suis convaincu de votre Sainteté, ô bon et admirable Vianey, mais, en fils soumis de l'Église, je me résigne aux lenteurs nécessaires de votre canonisation.

Citons, d'après l'abbé Renard, quelques guérisons arrivées, dit-on, de son vivant et par ses prières.

Un jeune garçon, âgé de sept ans, ne pouvant pas marcher droit, ses parents se hâtèrent de consulter un homme de l'art, pour sa-

---

(1) Il a dit la même chose à plusieurs convertis, et ce qu'il y a à noter c'est que leur conversion a été sincère et ne s'est pas démentie depuis.

voir d'où pouvait provenir l'irrégularité de sa marche. Le médecin reconnut en lui une courbure très prononcée et ordonna qu'on lui fît un appareil pour maintenir ses jambes droites, ce qui força l'enfant d'être dans un état continuel de station et de repos. Ce remède n'ayant pas réussi, ses parents désolés prirent le parti de mener leur enfant à Ars pour implorer l'intercession de sainte Philomène, en l'honneur de laquelle ils firent une neuvaine avec tous les sentiments de la piété chrétienne. Ils implorèrent également le secours de la Sainte-Vierge. Leur confiance ne fut pas trompée, car le 9 du mois d'août 1848, cet enfant recouvra l'usage de ses jambes et la courbure disparut entièrement.

Encore une autre guérison :

Une jeune fille, âgée de douze ans, avait, depuis cinq mois, perdu l'usage de ses jambes par suite d'une grave maladie. S'étant fait conduire à Ars pour obtenir sa guérison, elle se hâta de se mettre sous la protection de la Sainte-Vierge et de faire une neuvaine en l'honneur de sainte Philomène. L'innocence et la candeur de ses prières ne restèrent pas sans effet. Au bout de la neuvaine, cette jeune fille reçut, assise sur une chaise, la sainte communion avec tous les sentiments d'une vraie piété. Quelques instants après, et ayant fini son action de grâces, elle se leva seule et marcha par l'Église, sans avoir besoin d'aucun appui.

Encore une autre guérison :

Un jeune homme avait mal aux jambes et ne marchait qu'avec beaucoup de peine. Il se rendit a Ars afin de demander à M. le Curé ce qu'il devait faire pour obtenir sa guérison. L'homme de Dieu lui ayant conseillé de se mettre sous la protection de la Sainte Vierge et de faire une neuvaine à sainte Philomène, il se soumit avec beaucoup de docilité à tout ce qui lui fut prescrit. Sa piété et sa docilité ont été récompensées par une entière guérison. Il est actuellement fixé à Ars ; tous les jours il sert plusieurs messes avec édification. On voit que les sentiments de la reconnaissance sont profondément gravés dans son cœur.

La guérison qui suit a quelque chose de naïf et de touchant. C'est celle d'une petite fille, qui ne pouvait marcher qu'à l'aide de béquilles. Elle s'était fait conduire à Ars, et elle avait en sainte Philomène une confiance vive et pleine de simplicité. Cette fille, ayant rencontré M. le Curé, lui dit avec naïveté : « Monsieur le Curé, faut-il porter mes bé- » quilles à sainte Philomène ? — Oui, mon » enfant, lui répondit M. le Curé, portez-les » de suite. » La petite fille obéit, porta ses béquilles à sainte Philomène, et revint parfaitement guérie.

Un gendarme n'avait qu'un fils tellement affligé, qu'une de ses jambes était pliée derrière le dos ; par surcroît de malheur, il avait perdu sa femme et il se voyait forcé de quitter son service pour avoir soin de son enfant. Ayant obtenu une permission de trois jours, ce gendarme vint à Ars, avec son enfant, qu'il portait sous son bras. Il venait de dix lieues plus loin que Lyon. Quand il entra dans le café du chemin de fer, les employés se moquèrent de lui : « Qu'allez vous chercher à » Ars ? lui disaient-ils. Le mal de votre enfant » est incurable... M. le Curé d'Ars n'est pas » médecin, comment voulez-vous qu'il gué- » risse votre enfant ? — Laissez-moi faire, ré- » pondit le gendarme, je suis décidé à aller » jusqu'au bout, j'ai foi aux prières de cet » homme de Dieu, de ce Prêtre si vertueux. »

Dès qu'il fut arrivé à Ars, ce brave gendarme alla trouver le ministre du Seigneur : « Monsieur le Curé lui dit-il, vous voyez le » triste état de mon pauvre enfant, c'est ma » seule ressource, j'ai eu le malheur de perdre » ma femme ; veuillez vous intéresser pour lui » auprès de Dieu, afin qu'il daigne lui accorder » sa guérison. » M. le Curé lève les yeux au ciel et dit au gendarme : « Mon ami, votre en- » fant sera guéri. » A l'instant même la jambe de l'enfant se redresse et il marche seul. Cet enfant pouvait avoir six ans. Nous tenons ce fait d'un témoin oculaire ; il est arrivé il y a sept ans.

Ce gendarme, homme plein de foi, se confesse à l'instant même et a le bonheur de communier avant de partir. Il était au comble de la joie et il remerciait le Seigneur de lui avoir accordé un aussi grand bienfait. « Monsieur » le Curé, dit-il avant de partir, on se moquait » de vous et de moi, je ne partageais pas ces » sentiments, j'avais confiance en vos prières, » Dieu les a exaucées, que son saint nom soit » béni ; j'aimerai et je respecterai toujours la » religion. »

La guérison suivante est également surpre-

nante ; c'est celle d'une jeune fille, qui avait les yeux si malades, que les médecins conseillèrent à son père de la placer dans un hospice pour être mieux soignée et lui annoncèrent en même temps qu'elle était menacée de perdre la vue. Le père, qui avait entendu parler de M. le Curé d'Ars, voulut avoir recours à la religion avant de placer son enfant dans l'hospice. « Je vais conduire mon enfant à Ars, dit-
» il, j'ai confiance aux prières du saint Prêtre
» qui y est et qui obtient des choses si extraor-
» dinaires et j'espère que ma fille sera guérie
» par la puissante intercession de la Sainte
« Vierge et de Sainte Philomène, » Il se rendit donc à Ars, à l'insu de sa femme, qui le croyait parti pour mener sa fille à l'hôpital. Sa confiance ne fut pas trompée : il s'unit à sa fille pour sa neuvaine, s'approcha des sacrements avec elle, et, au bout de cette neuvaine, il eut le bonheur de ramener son enfant guérie.

Voici d'autres traits rapportés par plusieurs des historiens du Curé d'Ars :

Un jeune ecclésiastique qui doutait encore des merveilles qu'il entendait raconter sur ce saint homme, voulut s'en assurer par lui-même.

Il alla donc faire une visite au voyant de notre époque, et pour mieux déguiser son intention, il se présenta à lui sous un habit séculier, et le consulta sur l'état où Dieu l'appelait, comme s'il n'en avait encore choisi aucun. Le prophète le regarda avec douceur et ne lui dit que ces trois mots, qui le pénétrèrent de respect et de crainte : *Vous, soyez un bon prêtre.*

Des jeunes gens sans religion, comme il y en a aujourd'hui beaucoup, osèrent se rendre à Ars pour y insulter la religion dans la personne de son vénérable Ministre. Ils feignirent de vouloir se confesser à lui et assignèrent formellement ce motif à leur visite; mais le saint Confesseur qui lisait dans leurs cœurs, vit aussitôt leurs intentions véritables. Il leur dévoila le mauvais état de leur conscience avec une force et une clarté telle que les jeunes libertins, touchés et convertis par l'influence surhumaine qui en ce moment agissait sur eux, tombèrent à ses pieds et lui firent en effet une humble confession de leurs égarements.

Une jeune personne d'une piété angélique, mais d'une santé très frêle, très languissante, éprouvait quelque peine à accepter les soulagements que son directeur lui conseillait de prendre. Elle alla consulter l'homme de Dieu qui ne la connaissait pas, qui ne l'avait jamais vue. Voici la réponse qu'il lui fit du ton le plus paternel et avant même qu'elle eût eu le temps de s'expliquer:

« Mon enfant, vous êtes malade, vous le se-
» rez toujours; c'est le dessein de Dieu sur
» vous, et sa volonté est aussi que vous accep-
» tiez les soulagements nécessaires à votre
» état; cela ne vous empêchera pas d'arriver à
» la perfection. »

La jeune personne se retira pleine de confiance et d'abandon.

Je vais citer un fait bien remarquable et qui m'a été pourtant attesté par des personnes dignes de foi.

Un négociant des environs d'Aix en Provence, extrêmement inquiet de la santé de sa femme, qui depuis quatre mois était couchée sur un lit de douleur, se rendit auprès du vénérable Curé d'Ars pour lui demander le secours de ses prières. A son arrivée dans l'Église, le Curé était à l'autel pour dire sa messe. On pria donc le voyageur de l'attendre à la sacristie. Le saint sacrifice achevé, l'homme de

Dieu, en descendant de l'autel, alla droit à l'étranger, dont, humainement parlant, il ne pouvait connaître la présence dans la sacristie, et, le serrant dans ses bras avec une bonté et une affabilité toute céleste, il lui dit : *Pourquoi vous affligez-vous, Monsieur ; à l'heure qu'il est votre épouse éprouve un grand mieux et sort de chez elle.* Étonné, stupéfait de voir sa peine comprise avant même qu'il l'eût expliquée au saint Prêtre ou à qui que ce fût dans le village, le négociant fut bien plus étonné lorsque, sur le point de rentrer à la maison, il vit ses domestiques venir à sa rencontre et lui annoncer la guérison de sa femme, guérison qui avait eu lieu à l'heure même où le saint Prêtre lui avait parlé.

Ce trait semble être la reproduction de celui que les Évangiles nous rapportent de J.-C. et du fils de l'officier de Capharnaum. S'il est vrai, il prouve que J.-C. a transmis réellement à ses Apôtres et à ses grands serviteurs le don de reproduire les mêmes miracles que lui.

Je rapporte en dernier, parmi les faits extraordinaires accomplis de son vivant, l'histoire suivante qui ne se trouve à la vérité nulle part, mais qui m'a été certifiée par des témoins honorables :

Une jeune femme, habitant la commune de Saint-Jean, près de Tournon (Ardèche), avait eu déjà le bonheur de voir le Curé d'Ars, elle avait été guérie par les prières du saint Prêtre, et voulait y retourner, soit par reconnaissance soit pour le consulter sur des affaires de famille qui la chagrinaient. Mais son mari et ses parents s'opposèrent à ce voyage, elle fit donc partir à sa place une de ses amies intimes, désireuse de voir, à son tour, le vénéré Pasteur, en la chargeant de lui remettre une lettre qui contenait l'expression de sa gratitude pour les bienfaits déjà reçus, et les nouvelles demandes que lui adressait cette jeune femme. La commission fut scrupuleusement remplie, la lettre fut remise aux mains du Curé, et celui-ci, *sans l'ouvrir*, chargea la personne qui se présentait à lui de faire à sa mandante une réponse qui la satisfit pleinement et qui, suivie à la lettre, amena un entier succès.

Nous aurions à citer beaucoup d'autres traits surprenants, miraculeux, qui attestent la Sainteté du digne Prêtre ; mais nous en avons assez dit, pour sa gloire et pour l'édification publique.

Et, voyez, à peine la tombe du Curé d'Ars est fermée, que la piété des fidèles lui attribue encore de ces guérisons qu'il n'aimait pas faire par humilité pendant sa vie, et dont il renvoyait tout l'honneur à Marie ou à Sainte Philomène. On en cite trois. Nous allons les rapporter, bien entendu sans les attester. On a vu, par notre avant-propos, que nous n'entendions aucunement devancer le jugement de l'église, et nous devons recommander sur ce point la plus grande circonspection aux chrétiens.

1° Un enfant, de six à sept ans, perclus de ses jambes depuis quatre ans, amené par sa mère sur le tombeau de M. Vianey, se serait levé debout lui-même, puis, aurait marché dans le village et en serait parti sans le moindre mal.

2° Une femme, d'une quarantaine d'années, avait le bras droit horriblement enflé et ulcéré depuis longtemps. Elle aurait eu recours vainement à la science médicale qui se serait déclarée vaincue. Venue à Ars, sur la nouvelle de la mort de M. Vianey, elle se serait retirée entièrement guérie après avoir prié sur son cercueil; puis, négligeant les conseils des

Frères de Saint-Joseph qui lui demandaient de faire attester sa guérison par son médecin, elle aurait répondu qu'il lui suffisait de ne plus souffrir, et qu'elle ne s'inquiétait pas d'autre chose ; et comme le miracle n'avait eu lieu que pour faire éclater la gloire du Serviteur de Dieu, dès qu'elle avait manifesté cette insouciance coupable, elle aurait été immédiatement reprise de ses douleurs ordinaires.

5° Une jeune fille, mal opérée de la cataracte, il y a deux ans (elle en a seize), presque aveugle et ne pouvant se conduire, aurait pleinement recouvré la vue, en invoquant M. Vianey, le jour anniversaire de la quarantaine, où elle s'était rendue à l'Église d'Ars.

Nous ne voulons pas tirer d'autres conclusions de ces nouveaux faits attribués au bon Curé après sa mort, que celles déjà déduites des faits cités de son vivant, c'est-à-dire que la foi des fidèles qui les accepte est entière et proclame à l'envi la sainteté de M. Vianey. Il y a, nous le répétons, dans cette croyance, quelque chose d'imposant, dont l'autorité ecclésiastique doit tenir compte.

Il s'agit aujourd'hui de modérer les désirs pieux, mais trop impatients des fidèles. Ils disent, du moins quelques-uns : Pourquoi ne pas faire exception, pour le Curé d'Ars, dont la sainteté est si éclatante, aux lenteurs ordinaires d'une procédure devant la Congrégation des rites ? A une vertu hors ligne, il faut des décisions également hors ligne, et puisque la canonisation n'est qu'une affaire de forme, en présence du sentiment unanime des catholiques, pourquoi en retarder plus longtemps la proclamation ? C'est pour répondre à ces discours inconsidérés que nous allons exposer les formes nécessaires pour la canonisation d'un saint telles que les ont instituées les règles sages et prudentes de l'Église notre mère.

Il faut : 1° Que l'Évêque du diocèse propose l'introduction de la cause à la sacrée Congrégation des rites, et que cette proposition soit appuyée par une information préalable sur les vertus de M. Vianey, et sur les miracles qui lui sont attribués pendant sa vie et après sa mort.

2° La délibération de la Congrégation sur la proposition.

3° La sanction du Souverain Pontife.

4° La nomination d'une commission chargée d'entendre les témoins sur les vertus héroïques du personnage et qui est chargée ordinairement de se transporter sur les lieux.

5° Après le rapport de cette commission, la délibération de la Congrégation sur le point de savoir si les vertus du bienheureux proposé sont héroïques.

6° La sanction du Souverain Pontife constatant cette héroïcité.

Les mêmes formalités ont lieu pour les miracles, et ce n'est qu'après deux décrets, l'un sur les vertus, l'autre sur les miracles, que la canonisation est définitivement prononcée.

Je ne puis m'empêcher de m'élever ici contre l'une des plus injustes calomnies des protestants contre l'Église romaine, qu'ils accusent de mettre trop facilement les hommes vertueux au rang des saints, et d'en multiplier le nombre sans beaucoup de discernement. Pour détruire cette calomnie, il suffit de dire que depuis Alexandre III, qui occupait le siége de saint Pierre vers le milieu du XIIe siècle, c'est-à-dire depuis environ sept cents ans, à peine compte-t-on quatre-vingts de ses enfants, à qui elle ait décerné les honneurs sacrés ; au lieu qu'avant ce temps-là et dès le premier âge de l'Église, les Évêques, conjointement avec le peuple, en canonisaient dans chaque siècle un très grand nombre.

D'ailleurs, lorsqu'il s'agit de faire rendre un culte religieux à quelque serviteur de Dieu, le Saint-Siége est d'une exactitude si scrupuleuse dans l'examen qu'il fait de ses vertus, et d'une rigueur si sévère dans le jugement qu'il en porte, que quand il serait destitué de l'assistance divine, il serait impossible, à en juger selon les règles de la prudence humaine, qu'il se trompât dans ses décisions sur ce point. Non content d'une vertu distinguée dans les hommes qu'il canonise, il exige une vertu héroïque, et quelque diligence qu'il apporte pour s'assurer de cette héroïcité, par la déposition authentique de plusieurs témoins oculaires et irréprochables, il veut que le témoignage humain soit confirmé par celui de Dieu même. Ainsi ce n'est pas assez que les hommes attestent avec serments plusieurs actes héroïques des vertus les plus sublimes, il faut que Dieu autorise leur témoignage, qu'il s'en explique lui-même par la voie des miracles.

Il ne faut pas, au reste, s'imaginer que le

Saint-Siège admette sans choix toute sorte de miracles ; il n'y a sorte de précaution dont il n'use pour discerner les vrais d'avec les faux. D'environ cent miracles qui furent proposés à la sacrée Congrégation pour la canonisation d'un Saint des derniers siècles, elle n'en approuva qu'un seul ; et la canonisation fut suspendue jusqu'à ce qu'il plût à Dieu d'en opérer de nouveaux par son intercession.

Voici un fait que j'ai lu quelque part : Un gentilhomme anglais étant venu à Rome, un prélat romain avec qui il était lié, lui donna à lire un procès qui contenait la preuve de plusieurs miracles. Le protestant le lut avec beaucoup d'attention et de plaisir. Puis en le rendant : « Voilà certainement, dit-il, la plus sûre manière de prouver les miracles. Si tous ceux que l'on reçoit dans l'Église romaine étaient établis sur des preuves aussi évidentes et aussi authentiques que ceux-ci le sont, nous n'aurions aucune peine à y souscrire ; et par-là vous vous sauveriez de toutes les railleries que nous faisons de vos prétendus miracles. Eh bien, répliqua le prélat, sachez que de tous ces miracles qui paraissent si avérés et si bien appuyés, aucun n'a été admis par la Congrégation des Rites, parce qu'ils n'ont pas paru suffisamment prouvés. » Le protestant étonné de cette réponse qu'il n'attendait pas, avoua qu'il n'y avait qu'une aveugle prévention qui pût combattre la canonisation des Saints ; et qu'il ne se serait jamais figuré que l'attention de l'Église romaine allât si loin dans l'examen qu'elle fait de leurs miracles.

Ce qu'il y a de très certain et de généralement ignoré, même parmi les catholiques, le voici :

Les preuves ordinaires qui suffiraient en matière civile et même en matière criminelle, ne suffisent pas à la sacrée Congrégation des rites pour la proclamation de la véracité des miracles attribués à un personnage mort en odeur de sainteté ; de telle sorte que maintes fois cette Congrégation est exposée à ranger des faits vrais dans la classe des faits faux ou tout au moins douteux. Mais cette manière de procéder dont l'autorité ecclésiastique ne se départ jamais, a l'avantage incontestable de présenter, pour les miracles reconnus par elle, la garantie la plus grande de certitude et d'impartialité. Ces détails qui sont pourtant de la plus stricte exactitude, sont ignorés de la plupart des détracteurs du catholicisme, et s'ils les connaissaient, il est permis de croire que certains hommes de bonne foi parmi eux, rendraient hommage sur ce point à la sévérité rigoureuse des décisions ecclésiastiques. Il y a au sein de la Congrégation des rites, un promoteur de la foi, désigné pour passer au crible de la sagesse humaine, tous les faits miraculeux proposés pour la canonisation de tel ou tel homme. Sans doute, il n'use pas de cette incrédulité systématique adoptée par nos nouveaux sophistes qui usurpent à tort le nom de philosophes, mais il fait naître, d'après les devoirs de sa charge, des difficultés infinies tant sur les actions que sur leurs preuves, épluchant tout, combattant tout. A peine les assesseurs ont-ils levé un doute, qu'il en forme un nouveau, et si l'on peut trouver quelque chose de vétilleux dans cette conduite, les ennemis de notre croyance avoueront tout au moins que les lenteurs qui en dérivent, l'examen scrupuleux auquel se livre la Congrégation, sont bien loin de ce qu'ils affirmaient avec outrecuidance.

Puisque la sage observation des formes, et la rigoureuse solennité des procédures de canonisation, sont la meilleure raison que l'on puisse adresser aux détracteurs de l'Église catholique, faisons trêve à ces vœux prématurés, à ces impatiences inconsidérées, que désavouerait le premier l'homme dont nous avons écrit très imparfaitement la vie ; Sachons attendre le jour désigné par Dieu pour la gloire humaine de son Serviteur déjà récompensé dans le ciel, ce jour viendra infailliblement, et quand il en sera temps l'Église proposera à l'imitation et à la vénération des fidèles un saint nouveau, le *Saint Vianey*.

Quiconque lira cette *esquisse*, écrite de bonne foi et dans les meilleures intentions, sera convaincu qu'il y est parlé d'un homme selon le cœur de Dieu, d'un chrétien vraiment antique, tel qu'il ne s'en rencontre que dans les premiers siècles du Christianisme. La piété, la reconnaissance nous a guidé dans notre travail. Puissiez-vous le bénir, ô digne Pasteur, car nous ne l'avons entrepris que pour votre gloire et pour celle de l'Église catholique illustrée par vos vertus.

FIN.

www.ingramcontent.com/pod-product-compliance
Lightning Source LLC
Chambersburg PA
CBHW070520100426
42743CB00010B/1892